UNTANGLING YOU
How can I be grateful when I feel so resentful?

感激的覺察力量

透過練習，
循序漸進幫你掙脫怨恨的束縛

Kerry Howells
凱莉·豪爾斯——著　彭臨桂——譯

感激的覺察力量 透過練習，循序漸進幫你掙脫怨恨的束縛

Untangling You: How can I be grateful when I feel so resentful ？

作　　者　凱莉．豪爾斯（Kerry Howells）
譯　　者　彭臨桂
責任編輯　夏于翔
特約編輯　周書宇
內頁構成　周書宇
封面美術　江孟達工作室

發 行 人　蘇拾平
總 編 輯　蘇拾平
副總編輯　王辰元
資深主編　夏于翔
主　　編　李明瑾
業　　務　王綬晨、邱紹溢
行　　銷　廖倚萱
出　　版　日出出版
地址：10544 台北市松山區復興北路 333 號 11 樓之 4
電話：02-2718-2001 傳真：02-2718-1258
網址：www.sunrisepress.com.tw
E-mail 信箱：sunrisepress@andbooks.com.tw
發　　行　大雁文化事業股份有限公司
地址：10544 台北市松山區復興北路 333 號 11 樓之 4
電話：02-2718-2001 傳真：02-2718-1258
讀者服務信箱 : andbooks@andbooks.com.tw
劃撥帳號 :19983379 戶名：大雁文化事業股份有限公司
印　　刷　中原造像股份有限公司
初版一刷　2023 年 4 月
定　　價　460 元
I S B N　978-626-7261-37-8

國家圖書館出版品預行編目 (CIP) 資料

感激的覺察力量：透過練習，循序漸進幫你掙脫怨恨的束縛 / 凱莉 . 豪爾斯 (Kerry Howells) 著 ; 彭臨桂譯 . -- 初版 . -- 臺北市 : 日出出版 : 大雁文化事業股份有限公司發行 , 2023.04, 252 面 ; 15x21 公分 , 譯自 : Untangling you : how can I be grateful when I feel so resentful?
ISBN 978-626-7261-37-8(平裝)
1.CST: 情緒管理 2.CST: 自我實現

176.52　　112004511

各方盛讚

「在本書中凱莉．豪爾斯處理了一個令人費解的問題，而這也是每個人在社交生活中必須面對，但學者和哲學家卻不甚理解的問題——如何消除怨懟的複雜感受，並將其取代為感激。她不僅巧妙地賦予讀者重構『自卑、不被認同，遭到排斥或受到不公平對待』等艱難感受，還讓讀者有能力找回生命中的感激、療癒和成長，並藉此過著最愉快理想的生活。」——**賈科莫．波諾**（Giacomo Bono），美國加州州立大學（California State University）助理教授兼感激研究員、《培養懂得表達感激的孩子：塑造品格的科學》（直譯，*Making Grateful Kids: The Science of Building Character*）的共同作者

「在人類的普世經驗中，怨懟與感激截然相反。凱莉．豪爾斯透過看似矛盾的方式，讓我們知道自己可以藉由感激找出，並理解我們固執地將自己禁錮於其中的怨懟究竟為何。這本書精闢實用，是累積數十年精心研究與親身經歷的成果，值得一讀。」——**瑪格麗特．維瑟**（Margaret Visser），著有《感激的饋贈：感激的根源及其儀式》（直譯，*The Gift of Thanks: The Roots and Rituals of Gratitude*）、《餐桌禮儀》（*The Rituals of Dinner*）

「非常高興能讀到這本書。這部創新的著作將感激帶入不同的深度與廣度，尤其是感激和怨懟交錯纏結的層面，它有許多療癒的效果。豪爾斯的著作細緻入微、鼓舞人心，是當前這個艱難時刻迫切需要的資源。」——**塔亞布・拉西德**（Tayyab Rashid）博士，加拿大多倫多大學士嘉堡分校（University of Toronto Scarborough）臨床心理學家，為《以力量為基礎的心理韌性：一個正向心理學的教程》（直譯，*Strengths-Based Resilience: A Positive Psychology Program*）與《正向心理治療臨床手冊》（*Positive Psychotherapy: Clinician Manual*）的共同作者

「在個人或專業生涯中面臨衝突時的必讀之作。讀者會發現感激的力量經常被誤解，並明白感激能為我們帶來健全且更愉快的生活。」——**莎拉・波特**（Sarah Bolt），塔斯馬尼亞平等機會委員會（Equal Opportunity Tasmania）的反歧視委員

「凱莉・豪爾斯博士為我們大家寫了一本至關重要的書。這本書傳達了她在第一本作品《教育之中的感激：一種激進的觀點》（直譯，*Gratitude in Education: A Radical View*）所精心

設計的訊息，並開創了全新的方式，讓我們知道如何透過感激改善自己和周遭人們的生活。推薦大家閱讀這本一流之作以及她的第一本書，讓我們一起來練習感激。」——**約翰．亨德利 OAM**（John Hendry），正向教育（Positive Education）共同創辦人兼聯合國教科文組織（UNESCO）關係促進的溝通引導者

「在頂尖運動中有許多可能會引發怨懟的情況，然而我們卻幾乎不知道該如何有效、健全地處理這些怨懟。這些觀念和這本書將成為教練與運動員發展歷程中不可或缺的要素。」——**勞倫斯．豪斯泰德**（Laurence Halsted），丹麥擊劍聯盟（Danish Fencing Federation）運動表現總監，兩度代表英國參與奧運擊劍比賽，著有《成為一名真正的運動員：透過運動達到自我心盛的實用哲學》（直譯，*Becoming a True Athlete: A Practical Philosophy for Flourishing Through Sport*）

「『找回生活的喜悅』與『減少關係摩擦』的觀點令人耳目一新。它為我的個人與家庭生活帶來許多正面的改變，也幫助我改善了工作場所的職場文化。身為物理治療師，我發現怨懟

對許多患者而言都是很大的挑戰。我相信本書所探討的怨懟與感激概念，能為許多慢性疾病患者的治療帶來一種全新的面向。」——**羅伊・丹尼爾**（Roy Daniell），MACP，疼痛與肌肉骨骼物理治療師

「能夠閱讀這本書真是莫大的榮幸，它讓我徹底改觀。書中的內容具有研究基礎且發人深省，促使我們認真審視自己可能懷有的怨懟並持續練習感激。」——**邦妮・傑佛瑞**（Bonnie Jeffrey），校長兼校外評鑑召集人

「在這個越來越極化的世界中，凱莉・豪爾斯博士闡明了感激這種必要的社交技巧。閱讀本書時，我經常停下來深思，尤其是探討文化差異的章節。」——**麥可・格林德**（Michael Grinder），NLP 教育訓練總幹事，著有《魅力：溝通的藝術》（直譯，*Charisma: The Art of Relationships*）

「我認為這本書相當發人深省，將感激置於怨懟背景中的做法令人大開眼界也非常新穎。

這是一本傑作，推薦給運動員、企業領導人、教師與父母。」——**凱絲．畢曉普**（Catherine Bishop），曾為英國奪得奧運划船比賽獎牌，擔任過外交官，也是領導力發展教練，著有《長勝心態》（*The Long Win: The Search for a Better Way to Succeed*）

「我們這個時代的必要之作。根據我身為心理治療師的經驗，怨懟無所不在，但矛盾的是它往往受到低估或忽視。凱莉．豪爾斯透過她豐富的經驗與研究讓我們徹底意識到這個問題，同時她也廣泛探討了怨懟之毒害滲透我們生活的各種方式。」——**彼得．歐康納**（Peter O' Conner）博士、心理治療師，著有《面對人生的五十歲：從否認到反思》（直譯，*Facing the Fifties: From Denial to Reflection*）

「本書探討了感激之間的深切關聯與感激練習，當中的好處不計其數，尤其是在深化人際關係和互相聯繫的感受等方面上，同時也讓我們明白要改變的是自己、自身態度和自身反應，這會對其他人造成深遠的影響。」——**蕎．葛哈**（Jo Gaha），「潛能計畫」（The Potential Project）組織的溝通引導者兼高階主管教練

目次

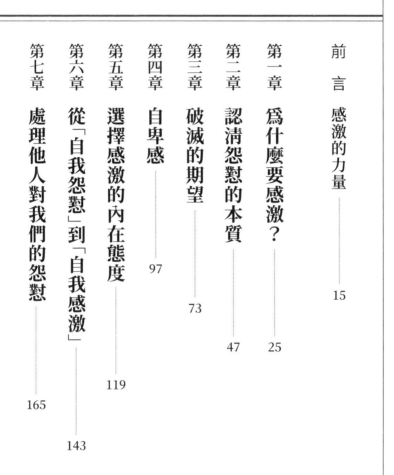

怨懟（Resentment）

・辭典定義：「遭受不公平對待時所感到的極度憤慨。」

・本書會更深入探討怨懟，是「一種揮之不去的情緒，源自期望破滅或自卑感所造成的打擊與不公平的感覺。透過其相反的概念——『感激』會更容易理解」。

・怨懟有別於：憤怒、失望、幻滅、嫉妒。

・易助長怨懟的文化：競爭、壓力、自我中心、特權、孤立主義、批評、完美主義。

感激（Gratitude）

・辭典定義：「心存感謝的特質；願意表示謝忱並回報善意。」

・本書會更深入探討感激，是「真心誠意地感謝自己所受的對待，並以不一定對等的方式回報。透過其相反概念——『怨懟』會更容易理解」。

・感激有別於：積極、樂觀、讚美、善意。

・易助長感激的文化：合作、平靜、他者中心、欣賞、互相聯繫、認同、謙遜。

感激的力量

人性中最深刻的本質是渴望得到感謝。

——美國心理學之父　威廉・詹姆斯（William James）

我生長於一九六〇年代，是家中五個孩子的老大。父親經常不在家，母親則飽受憂慮和心魔所苦；她總是為了維持家計努力工作，因此幾乎沒什麼心力養育我們。每當我見到朋友跟他們的母親關係親近，都會想像在那種親密關係下成長是什麼感覺，因為我在成長過程中感受到的只有「拒絕」與「忽視」，母親對我付出的精力或時間非常少。母親和我經常吵架，我一直覺得她不了解我，我也不了解她。我學會了怨懟、怨恨，也很熟悉這種情緒，對我而言，這就像遭受不公平對待時所感到的極度憤慨，它彷彿是有毒的血液在我體內流動，最後讓我完全放棄了和解的希望。我們一直維持在那樣的狀態，雖然住在一起卻感到孤獨無比，關係幾乎徹底破裂，虛度了一年又一年。我明白也非常肯定有問題存在，但我根本不知道該怎麼做。我的驕傲與倔強讓關係毫無進展：我才不要主動拿起電話，先邁出第一步；我才是受到委屈的人、我才是應該得到道歉的人。在母親試圖彌補之前，我不打算原諒她。

無論在什麼情況下，我總是懷著這種陰鬱的感受，這使得我所有的關係都蒙上了陰影，最後影響了我養育自己女兒的方式。這種感覺根植於我的心靈深處，我完全不知道該如何從中解脫。

說來奇怪，我之所以會用不同角度看待自己的感受，來自於我剛成為大學教師時開設一門必修哲學課的體悟。來修這門課的學生多半是被迫而來，要上不感興趣的必修課這件事讓他們心懷怨懟。最後，挫折到極點的我問他們「為何不肯把握機會學點新東西」，而他們的回答改變了我的教學方法、我的職涯和我的人生。

他們說自己想要認真投入，卻不知道該怎麼做。我的答覆是：他們雖然無法選擇要不要修這門課，但他們可以選擇用不同的方式來看待它。於是，我們開始探討他們所感受到的怨懟，以及這些感受如何透過抱怨和不滿表現出來，同時我請他們轉念，將這些感受化為感激。沒想到，他們竟然會想要深入了解，令當時的我十分意外。

我問學生們最感激什麼，大家的回答幾乎都是「我的父母」。這個回答，讓我內心深處十分痛苦，因為我對我的母親並沒有這種感覺。許多學生討論感激時都顯得自在又熱情，而我對母親卻毫無一絲感激，形成了強烈的對比。於是，我開始思考這種情況，是否已經嚴重到影響我對生活中其他方面心存感激的能力了。

這個念頭糾纏了我一陣子，後來我決定實際做一項我曾經建議學生做的練習：寫一封感謝信。我找了一個安靜的地方，靠在一顆樹上整整坐了半小時才能開始動筆。令我羞愧的是，我發現自己回想不起來上次感謝母親是什麼時候了。「我該從哪裡說起呢？」當我寫下第一行字——我很抱歉沒認真感謝過她賜予我生命時，淚水就開始湧出了。我一邊啜泣一邊繼續寫下，因為她給了我生命，所以我現在才能成為我女兒的母親。接著水閘打開了，流洩出我在生命中所感謝的其他事物——我的朋友、我的研究、我的學生、我對於在海上游泳的熱愛——一切都是因為她。

寄出信件後過了一個星期左右，我前去探訪母親，她就抱著我哭了起來，然後感謝我說了那些話。她跟我說自己很久沒有這麼棒的感覺了，我告訴她我也一樣。我們坐下來吃晚餐時，我覺得我們兩個人的心都更柔和了。從那一刻起，我們的關係就逐漸緊密，也變得更為和諧，直到六個月後她突然離世。

此時我才開始真正心懷感謝，並感受到所謂的「深切感激」（deep gratitude）——不只是對我母親，也包含了我生命中許多其他事物。為了消除內心的負面情緒，我嘗試過諮詢、冥想以及不少的自我發展課程，然而這段經歷讓我發現，只有感激才能帶來光明，它幫助我們兩人放下了怨懟和怨恨。

為何寫這本書？

初次發現感激的力量後，我投入了二十五年的時間研究感激在教育和其他領域中所扮演的角色，並且舉辦了研討會與課程。參與的對象十分廣泛，有高中和大學生、各級教育的教師，包括師培生、菁英運動員跟教練，以及醫事人員。

前十年，在探究感激之於教育的重要性時，同事都覺得我瘋了，或者認為我是某種怪人，所幸，我們從那時起就取得了長足的進步。在不同領域的數百項研究都顯示，感激對我們在身體、情緒與社交方面的安適感都相當有益。然而，討論感激時卻極少有人會提起與其相反的概念：怨懟。在我看來，強調感激的好處卻不提及它的難處，等於是以過度簡化的單一面向來看待感激，這會讓我們貶低自己身為人類的價值。**我們必須經歷無法心存感激的不安，才能打開通往成長與轉變的路；我們可以從歡樂中學習，但同樣也能從「負面」的心態中學習。**感激在我們生活中最大的作用，就是能照亮我們的對立情緒：通常只有感激才能突顯怨懟，進而使我們面對它、處理它對我們產生的負面影響。如果你對某個人懷有潛藏的怨懟，就不可能誠懇地向對方表示感激。

在嘗試真心練習感激的過程中，就會知道自己能毫不費力感謝哪些人，也會明白哪些人似乎不太可能讓你心懷感激——以我而言就是我的母親。在寫感謝信給她的過程中，我才發現原來不滿和怨恨使我完全看不見她的優點，也無法承認她身為母親所為我做的一切。

將感激視為怨恨與怨懟的對照，可以讓感激變得更為具體，也更容易實現。因此，無論環境為何，我最常聽到的問題都是：「滿懷怨懟的我要如何心存感激？」和「我該怎麼放下怨恨來練習感激？」而我之所以想撰寫這本書，就是想嘗試為這類問題提供一些答案。我明白如果有人讓我們感到委屈，那麼，要踏出第一步想必非常困難。然而在我看來，能夠這樣捫心自問，就代表了我們決定改變、想要修復關係，也願意採取行動，而不是空等著對方改變或道歉。

在之後的章節中會發現，儘管這些問題很直覺，卻可以翻轉其順序：要練習感激才能自由地放下怨恨，而不是為了放下怨恨才練習感激。換言之，「我該怎麼放下怨恨以練習感激？」這個問題，也可以表達成：「我該怎麼練習感激以放下怨恨？」

雖然感激通常起始於欣喜、讚賞、敬畏或驚訝的感覺，但**「深切感激」並非只是一種感受，而是一種行動**。以我為例，只對我的母親「覺得」感激其實並不夠，因為我對她的怨恨更為強烈，影響力也更大。真正讓我開始流露感激的，是「為了她」而寫信表示感激的行動。在感受到怨懟的關係之中，我們要認知自己是為了什麼而感激，接著採取行動，這時感激才能確實具有轉變的力量。

感激不是一味掩飾負面思考

本書在探討感激與怨懟的相互作用時，會著重於較輕微的「日常怨懟」，這種怨懟並非來自個人或集體創傷、暴力、嚴重不公、歧視、侮辱或虐待，也不是群體在經歷過數十年種族屠殺、歷史不正義或大規模暴力後所產生的集體怨恨。雖然我們在此探究的策略可能會跟這種怨恨有所關聯，但那還牽涉到不同的情境與考量，不屬於本書的討論範疇。

你在生活中一定經歷過這種日常怨懟：父母似乎特別偏愛你的某個兄弟或姊妹；伴侶因為另一個人而離開你；鄰居不肯處理他們亂吠的狗，吵得你好幾個小時都睡不著；最好的朋友背叛了你，把你的祕密告訴別人；同事比你先升職（而且大家都知道你是最適合那個職位的人）；總是扯你後腿的上司；不願分擔家事或照顧孩子的伴侶……，這種例子不勝枚舉。這類「日常」的怨懟會一直醞釀潛伏，除了剝奪我們的快樂，也會破壞我們的健康、關係經營與工作成就，更重要的是，它們會隨著時間持續累積，導致更痛苦、更嚴重的怨恨。

怨懟也會主宰我們的許多決定，比如：我們可能不會去爭取某份很棒的工作，因為我們怨懟那裡的某位主管；我們可能放棄了絕佳的度假機會，因為我們對某個也要去的人心懷怨懟，對方還曾經是我們的朋友。我在跟母親的關係中，經常因為怨恨而不參與家庭聚會，尤其是在我成年之後，而我也因此錯過機會，無法跟兄弟姊妹加深感情或強化對家庭的歸屬感。

本書提供了實用的策略，能讓你開始循序漸進地解開心結，並將怨懟的心態轉化為感激。你將：

- 發現感激的重要性，明白感激能幫助你看清怨懟的樣貌，同時讓你知道如何處理造成怨懟的深層原因。

- 探究感激如何在容易引發怨懟的情況中，幫助你為自己選擇做出的反應負責。
- 發掘感激和怨懟的相互作用，以及這種作用會如何在日常困境中展現出來，例如：處理背叛、失望、霸凌、手足之爭、完美主義、工作場所的衝突等情況。
- 學習有效策略來處理「自我怨懟」以及「對他人的怨恨」。
- 獲得更多的技巧與自信，來處理生活中某些困難的關係。
- 逐漸理解跨文化差異會如何影響怨懟與感激之間的態勢。

在此我想強調一點，**練習感激並不是要嘗試以正面思考取代負面思考；感激永遠不應用於消除怨懟，也不該拿來製造出正面的假象，以致讓我們忽視了需要迫切注意的負面情況**。我跟母親的那段感激之旅花了很多時間，對她產生前所未見的感激之情後，我獲得了克服怨恨的自覺與勇氣——比起內心的不滿，我開始更能重視與她之間的關係。但這並非權宜之計，因為我的怨恨相當深刻，需要隨著時間慢慢解開。為此，不妨將怨懟想像成一團糾結的毛線球：某些地方會比較難解開，因為此處根深蒂固的怨懟經常會與你在其他關係中的怨懟或不滿相互交纏；其他的地方則可能只要稍微一拉，毛線球就會開始輕易解開。

如果你想知道該從什麼做起，我強烈建議你先從比較簡單的情況著手，逐漸增進技巧，之後你就有能力可以處理較難解開的心結。假如光是審視一段困難的關係就讓你充滿了痛苦或焦慮，那麼很明顯你應該暫時先維持現狀，或者，你應該尋求專業協助。某些關係可能讓你陷入長期的痛苦，甚至持續了數十年，而接下來的內容就是要幫助你改變這種情況。我希望各位能按照章節順序閱讀，因為你的知識與策略會隨著進度慢慢累積起來。

我誠摯希望，當你藉由本書學到的策略來練習感激時，能發現這對「你和他人」以及「你和自己」的關係有莫大助益。其實，我認為感激具有強大的力量，它可以幫助我們長久且持續地和「健康」、「和睦」與「和平」共存。

第一章

爲什麼要感激？

知道為何而活，就能克服一切⋯⋯

——德國哲學家　尼采（Friedrich Nietzsche）

在以感激為主題的研討會上，經常有人問我：為什麼竟然要去思考感激「敵人」這種事？為什麼應該試著跟所有人當朋友，或是去愛每一位同事？世界才不是那樣運作的，再說，這樣也太虛偽了，對吧？與人際核心圈（inner circle）裡自然受其吸引並覺得舒服的人維持關係，遠離我們討厭的那些人，不是更合理嗎？

我並非主張要讓生活中每段關係都有相同的親密程度，也不是指我們應該企圖做到平等去愛所有人這種不可能的任務。我要說的是，無論如何我們都會處在跟他人的關係之中，同時人際關係在生活中確實很重要。我們之所以能直覺認知到這一點，是因為當關係發生問題時會讓我們受苦——就像我跟我的母親那樣。**不管我們再怎麼努力推開別人來保護自己，只要這段關係的問題沒有解決，或產生了許多怨懟，它就很有**

可能會在潛意識的深處侵蝕我們。

以莎拉（Sarah）為例，她剛搬進和朋友戴夫（Dave）合租的公寓。莎拉和戴夫在學校非常要好，每次都會和一群朋友一起活動、去露營、上夜店、聚餐等，然而他們的價值觀與習慣之間的差異，在合租公寓後開始浮現。莎拉愛好整潔、個性敏感、行事謹慎，戴夫則是完全相反。他是藝術系的學生，很保護自己的「自由精神」，需要很大的彈性以表現創意。以前莎拉很欣賞他這一點，不過一起生活就是另一回事了。戴夫很抗拒例行公事，會盡量逃避在特定時間做某件事。為了讓莎拉高興，他「勉強」接受她為了讓家裡乾淨整齊而採用的家事表，因此做起事來總是很不甘願。

後來，情況越來越嚴重。莎拉勉強連續倒了三個星期的垃圾，這在他們原本說好的家事表上是戴夫的工作；又經過好幾個禮拜，她第五次到店裡買衛生紙時，心裡憤怒不已。某天早上她在浴室突然很不高興，因為戴夫前幾週就答應要清理角落的那團黴菌還在，更糟的是，他已經遲交房租兩次了。莎拉覺得被人利用又不受尊重。最令她失望的是，戴夫好像完全沒察覺到自己對她造成的痛苦。隨著時間過去，莎拉發現自己變得冷淡、漠然、沉默寡言，她也對這段變質的友誼感到非常心痛。

戴夫完全沒意識到這一切。他這種人比較著重大方向，不會注意或太在乎細節，所以不認為這些事情有什麼大不了的。對他來說，重要的是他們合租一間公寓，可以一起吃飯、聊聊當天發生的事。戴夫覺得莎拉會有壓力，只是因為她在認真準備學校的考試。另一方面，莎拉出現了失眠的症狀：她會仔細回想戴夫說過要做卻沒做到的一切，也會煩惱該如何向他提起這件事才不會破壞友情或被他看輕。她偏執地認為要是讓戴夫不高興，他們吵架的事就會傳到共同的朋友圈，由於大家都很崇拜戴夫，所以她怕其他人都會站在他那一邊，覺得她是老古板、潔癖鬼或控制狂。

最後莎拉終於決定把她的不滿告訴戴夫了，但是她緊張到說不出話來，因為她很擔心自己仔細準備好要講的內容會出差錯，結果，最終沒能成功溝通。幾個星期之後，她幾乎快要無法忍受這種情況，於是決定搬出公寓，這樣她的心才能恢復平靜，繼續專心在課業上。究竟，有沒有另一種方式能解決衝突，讓莎拉不必放棄公寓，同時維持她跟戴夫以及朋友圈的關係呢？

找出你的「為什麼」

莎拉的父親在參加完我的一場研討會後，開始練習對他的工作團隊心懷感激，好巧不巧，幾個月後，莎拉就去找他哭訴自己的困境。莎拉的父親對練習感激的方法讚不絕口，說這幫助了他在工作場所保持更正面的態度，還興奮地告訴莎拉這或許會對她和戴夫的情況有所助益，但她卻驚恐地看著他。感激？你在開玩笑嗎？他完全沒聽進去她覺得自己有多麼不受尊重，有多麼憤怒嗎？竟然以為她能輕易放下一切，並對戴夫心懷感激？

莎拉一點也沒錯。誠如前述，想用感激取代怨懟是不可能的。那一刻，她需要的是有人明白她的痛苦；她也需要一個強力的理由，才有機會考慮將感激作為下一步。那一刻，第三者所表示的任何意見都必須以莎拉為重，在理解「她」面臨著什麼情況的前提下讓她聽得進去。感激在另一個人（此例中是她父親）的世界中有效，但此時，這個理由對莎拉來說並不夠充分。

在能自然而然或相對容易產生謝意的情況中，當然比較能看出感激的實用性。欣賞美麗的日出時，感激會讓你覺得充滿朝氣；如果在一天結束時寫下自己感激的事，你會睡得更安穩。許多當代的研究都證實，感激可以使我們的身體與情緒更為健康。然而，當你覺得自己受到別人的傷害，還要找到感激的理由可能就非常困難了。這個社會不會責備你連試都沒試，也不會怪你一走了之，完全捨棄生命中的這段關係——就跟莎拉正要做的事一樣。

找出採取不同行動的理由，是從怨懟走向感激時非常重要的第一步。你的「為什麼」很可能跟其他人截然不同。你的價值觀、信仰、性別、種族或個性都會產生影響。重點是，你要找到能和自己產生強烈共鳴的理由。這就是感激的美好之處，我們可以從「不同的角度」和「不同的理由」中找到感激。

坦然處理我對母親的怨恨所帶來了許多好處之一，就是我覺得自己有一定的資格能夠鼓勵學生練習感激。在審視內心深處時，我發現自己的「為什麼」其實帶有一種更宏大的使命感，那就是：想要瞭解如何在艱難關係中運用感激讓世界更美好。「找出感激為什麼重要」，這個理由時至今日仍然驅使著我，亦正是我撰寫本書的主要因素，也正因如此，我才能一直努力讓自己從怨恨走向感激。

感激能幫助我們提升與他人的關係意識

莎拉會想處理她跟戴夫的衝突，主要動機是她不願失去自己跟他及其朋友圈的連結。在本質上，感激會促使我們從更廣闊的視角出發，讓我們不只想到自己，也會考量我們與他人的連結。感激具有一種強大的覺醒力量，幫助我們明白其實彼此是相互依存的，同時，也會讓我們看見另一個人的價值，以及我們從對方身上學到了什麼。我們和對方或他人的有所連結，是他們讓這一刻變得特別，也讓我們了有覺察的機會。我們感謝某人時其實就是在說：「我謙遜地認為，少了你的禮物（饋贈），我就不會有……我就不會成為……。」感激會將施者（giver）、受者（receiver）和禮物（gift）聚集並纏繞在一起[1]。

事實上，許多研究都已證明感激在「建立」與「維持」關係時扮演了強而有力的角色[2～6]。這正好符合德國社會學家格奧爾格．齊美爾（Georg Simmel）的立場：**感激是社會最重要的凝聚元素**。他稱感激為「人類的道德記憶」（moral memory of mankind），是人與人之間的橋梁，並指出：「倘若把受過善意幫助而延續下來的感激行為突然全數消除，社會（至少我們所認知的社會）便將分崩離析。[7]」如果不向曾經給予恩惠的人表示感激，我們就會經歷某種程度的不安，而這種不安或許還會觸及更深層的潛意識。以我母親為例，雖然我對她的怨恨在經年累月下耗盡了感激之情，但我總有一種揮之不去的感覺，認為自己應該感謝她，儘管我因為過於痛苦而無法做到。

無論如何，只要仔細思考，一定可以找出對方曾經給予過我們什麼。有時這可能不涉及私事，例如，販賣美味香蕉給我們吃的人、種植香蕉或運送香蕉到店裡的人，而在這光譜的另一端，則有我們對最親近之人所懷有的感激之情。

關係（relationship）一詞的來源在歷史上是指「連結、聯繫」和「講述的行為」，其出自中世紀諾曼時代英國所用的法語「relacioun」，也出自拉丁語「relationem」，意指「返回、恢復、通報、陳述」。

感激有一種神奇的力量，能幫助我們與他人產生連結。真心說出口的「謝謝」就帶有一種特定的「聯繫」；獲得某人的感謝時，通常也會想要將這份感激回應給對方，或是傳遞給另一個人。在健全的關係中，多數時間都會有這種「施」與「受」的循環。

透過真心或深切的感激認可對方（並且不想要任何回報），就能觸碰到關係的最深處，這是其他任何方式都做不到的。我們承認了對方的價值與重要性，而對方也更能夠看清這一點；我們幫助對方成長茁壯，也幫助這段關係成長茁壯。

感激能幫助我們喚起美好時刻

在和父親的下一次對話中，莎拉才覺得與戴夫重新建立了連結。幸好，莎拉的父親這時開始意識到，要她在跟戴夫發生的情況中「看出感激的重要性」其實相當困難。莎拉對於跟戴夫當室友的美好期望並未實現，而她現在也覺得自己很難再看到他好的一面。莎拉的父親認真傾聽，並對於他們友誼惡化到如此，表示難過。然後，他提起她跟戴夫共同經歷的一切美好時光，例如：學校的露營之旅、派對，以及他在戴夫身上見到的所有優點。莎拉聽完以後才發現，原來過去六個月的痛苦讓她忘掉了這一切，那些美好時刻的記憶已經被她的怨懟給消耗殆盡。雖然父親的話並未消除她對家事分配不公所感受到的挫折，卻幫助了她以更廣闊的視角重新審視這段友誼。

如果從科學研究來看，就能明瞭這種事為何會發生在莎拉身上，也很可能會發生在我們大多數人身上。研究感激的知名美國學者菲利浦・華金斯（Phillip Watkins）在他的「感激放大理論」（amplification theory of gratitude）中引用了美國社會心理學家羅伊・鮑梅斯特（Roy Baumeister）及其同事的著作，他們認為從進化的角度來看，無論我們有多麼想著重於好的一面，然而「壞比好更強大」（bad is stronger than good）[8]。但這不代表壞人比好人更強，而是指「一般說來，不好的事件、不好的意見、不好的互動、不好的想法以及不好的記憶，對我們造成的心理影響比好事更重大」。[9]然而感激放大理論認為，感激比任何情緒都更可以讓「好」比「壞」更強大。華金斯指出，心懷感激時，會放大自己對有益和正面事件的察覺，因此更能夠看見別人好的一面[10]。如此一來，只要繼續練習感激，就比較不會記住壞的想法或回憶，也更能清楚審視包括好與壞的整體局面。

再次強調，**藉由想起感激的事物來放大「好」，並不是要以好的想法或感覺取代壞的**。在之後章節中你會讀到，如果具有強烈的怨恨——尤其是在懷恨許久的狀況下，我們甚至得先採取一些步驟才有辦法感激。另外，感激除了可以幫助我們記起以前受過的恩惠，通常也能當成幫助我們原諒對方的起點。只要保持勇敢與謙遜，感激就會幫助我們去尋找對方的好，而非只著重於我們認為壞的地方。

感激會提供一種強大的保護力量，讓壞的思維比較不容易扎根，負面情緒也比較不會在特定時刻轉變為長期的怨懟。如果莎拉有意識地練習對戴夫的感激，就可能從不同角度去看待戴夫的行為。莎拉或許會更注意到：他煮的餐點、他叫的外賣、他在乏味的讀書日子結束後陪她開心聊天。然而現在這一切都被她的怨懟給抵銷了，讓她只能看見戴夫「沒」做的事。

莎拉在父親的提醒下想起了戴夫的所有優點，因而放大了她在戴夫身上看到的好。這讓她逐漸產生一種全新的視角：她不再充滿怨懟，現在還有了一些改善的希望。藉由聚焦於自己在這段關係中所感激的事物，她想起這段友誼豐富了她的生活，他在別人找她麻煩時挺身而出，他其實也在用自己的方式照料他們的公寓。

感激能幫助我們內心平靜

在與戴夫的關係中，令莎拉為難的部分原因是：怨懟讓她覺得自己有如一個不講理、愛操控又過度情緒化的人，這也使得她無法冷靜、理性地溝通。她因為這個問題心神不寧，無法專心在課業上，然而，在找到方式重新以感激的角度看待戴夫之後，她就感到平靜許多。

我的研究涉及許多不同背景下的案例研究，其中有個顯著且一再出現的主題，那就是：當人們有意識地練習感激，內心會比較平靜[11, 12]。根據受試者的回答，感激能幫助他們把情況看得更清楚，從而促進互相聯繫的感覺，並幫助他們解決所陷入的衝突。因此，「為什麼」要感激的另一個原因，是它可以幫助我們內心平靜。

感激為什麼會讓我們的心態更為平靜？敞開心胸看待我們從他人和周遭世界所獲得的一切，並以行動表達這份感激，何以讓我們得到大多數人所尋求的平靜呢？

隨著接下來的探討，你會發現感激能幫助我們心情愉快，而心情愉快之後，就更能心懷感激地生活，進而使我們的內心更為平靜。

感激能帶給我們一種富足的感受。我們會將注意力轉移到已經擁有的事物上，而不是爭取更多、跟他人比較，或者希望情況有不同的局面，我們會覺得自己擁有的已經足夠——實際上，我們確實已經足夠了。另外，**感激能讓我們更專注於當下，不必擔心過去或煩惱未來**。心存感激時，當下所帶給我們的快樂會「自我增強」（self-reinforcing），它具有一種創生的力量。

此外，如果不向自認應當感激的人表示感激，我們的潛意識深處就會感到不安。我們打從心底知道應該怎麼做（說出或表示謝意），卻可能因為過於忙碌或分心而未立刻採取行動。後來隨著時間過去，或許會覺得要這麼做已經太遲了，然而這樣可能會造成持續的不滿和怨懟。

感激能幫助我們內心平靜，因為只要有意識地練習，就更能控制自己對狀況的反應，包括面臨逆境的時候，也就是說，我們更能「選擇自己的行為」和「如何向這個世界展現自我」。我們會領悟到自己無法改變他人，也慢慢明白這並不是我們的責任，但是我們可以改變自己。在後續的章節中你會發現，當我們的心態從怨懟轉為感激，內心就會變得更加平靜，因為我們更能掌控自己的選擇了，進而重新關注在自己所能做到的事情上。

感激能幫助我們過得安好

在莎拉的案例中，我們能看出怨懟導致她充滿壓力和失眠。在困難關係中練習感激的另一個動機，是懷有感激時我們會察覺到心理、情緒與生理方面都獲得改善。與此相對，當我們感到怨懟時，結果就會完全相反。藉由觀察這兩種心態在生活中的表現，就能清楚瞭解自己的健康狀況。

關於這點我有一段很深刻的經歷：我曾經跟一位腫瘤學教授合作，研究感激在強化癌症患者臨終照護品質的實用性。教授之所以發起這項研究計畫，是因為他注意到「感激的態度」和「怨懟的態度」對患者造成了截然不同的影響。

一般來說不論老幼，許多患者之所以產生怨懟的原因，是自己在世上的尊嚴與價值感突然被不治之症粉碎而感到羞辱：他們討厭自己必須依賴別人；他們厭惡照料自己的那些人所不經意流露出的憐憫；他們埋怨自己快要死去或是有死去的風險，而身邊的人卻全都安然無事；他們抱怨醫療機構的官僚作風和需要填寫的無數表格。除此之外，他們還會自我怨懟，雖然多數患者都不喜歡隨著疾病所浮現的怨懟，但他們也無力去做些什麼。

這位腫瘤學教授觀察他的癌症患者後發現，怨懟似乎是一項顯著因素，會影響他們對於治療的反應。相比之下，病症、年齡與背景皆相同的患者，如果是抱持感激的態度，似乎就比較能應付大量的治療，其他醫學領域的許多臨床研究亦證實了這項觀察[13～15]。當然，這位腫瘤學教授並不是說感激可以治癒癌症，但他堅信無論病況如何發展，感激都是一項非常重要的因素，可以盡可能讓癌症患者擁有最好的生活品質。

近來的「意識研究」（consciousness research）與「認知神經科學」（cognitive neuroscience）進行了為數眾多的臨床研究，結果都證明感激會大幅提升我們的幸福感。以心理健康為例，有幾項研究已經證實：心存感激能提供一定程度的保護，使我們免於憂鬱、焦慮以及壓力與創傷[16～21]。研究也指出，感激可以使睡眠品質更好，從而促進心臟健康和免疫系統的運作，並減少其他許多身體症狀的發生；感激也能改善情緒和減輕疲勞，或者讓我們免於產生倦怠（burnout）[22]。最近有一項研究更指出，表達感激能激勵人們更努力從事各種正向行為，例如，運動、建立關係、幫助他人，以及其他可促進「自我改善」（self-improvement）的「前攝行為」（proactive behaviour，編按：意指主動採取行動來回應所面臨的挑戰）[23]。

感激還會幫助我們更有韌性。我們需要韌性來抵抗怨懟的影響，並培養堅毅的態度以減少怨懟的控制。研究顯示，感激可以促進「正面重估」（positive reappraisal，編按：意指重新思考在不安事件中，如何讓自己強大起來）和健康的應對方式[24, 25]。感激能擴展並建立社會與認知資源[26]。雖然針對怨懟影響健康的研究仍處於發展初期，其成果也不如對於感激的研究豐碩，但已經有些證據顯示：怨懟對於幸福的感受確實會有反效果。

正如德國哲學家尼采寫道：**「沒有任何東西能比怨懟更快耗盡人的精力。……沒有任何反應能比精疲力盡之人所做出的反應更為不利。這種影響會迅速消耗神經能量，以病態方式增加有害的分泌——例如從膽囊進入胃裡。[27]」**

在少數從事怨懟研究的其中一本著作《論怨懟：過去與現在》（直譯，*On resentment: Past and present*），當中有許多撰稿人描述了怨懟的負面影響，包括焦慮、憂鬱及痛苦。書中有一位醫學倫理方面的西班牙歷史學家皮拉爾・莉昂－桑茲（Pilar León-Sanz），她從一九三九至一九六〇年間，發表於身心醫學（psychosomatic medicine）領域、超過兩百七十篇的文章中，歸納出怨懟所造成的身心影響。她發現這些研究顯示出怨懟涉及了下列症狀的發展：潰瘍、胃病、胃灼熱、心肺症狀、心臟病、運動不耐症、頭痛、背痛、關節痛、失眠、壓力。[28]

針對「不寬恕」（unforgiveness）與「反芻思考」（rumination）的研究，也證實了它們與怨懟的緊密相關性[29]。例如，義大利神經科學家艾米里亞諾．理查迪（Emiliano Ricciardi）及其同事提供了一份摘要，列出這些因素對健康惡化的影響，其中包括睡眠不足、心血管活動改變、與壓力相關的荷爾蒙受到刺激，以及隨著時間發展的臨床狀況，包括憂鬱[30]。在其他研究中，抱持不寬恕的態度也可能促使壓力出現，因而加速老化過程並導致各種疾病[31]。同樣地，反芻思考（在醫學上定義為針對某個想法、情況或選擇的強迫性思考[32]）經過證實會在「健康應對」（healthy coping）上造成負面影響，同時是心臟病與癌症等慢性病的促成因素[33]。

我們在日常用語中，確實也很常以身體所受到的影響來表達怨懟，例如，我們會抱怨某個人讓自己很「頭痛」、對方令我們感到「揪心」、有人讓我們「傷腦筋」、「恨下心」或是害我們覺得「心碎」。

不該用我們的「為什麼」來改變對方

在莎拉與戴夫的處境中，莎拉重新找回了對戴夫的感激，因此決定不搬出去。接下來幾個星期內，她察覺到自己的壓力減輕了，不但睡得更好，在學業上也能更為專心。這時，你或許會好奇戴夫是否也改變了自己的行為呢？

的確，他很可能必須做出一些改變，讓家事的分配更為合理。在其他章節的故事中，你會發現問題的解決是靠其中一個人練習感激，而另一個人也做出了感激的回應——就跟我母親的情形一樣。能夠這樣當然很棒，但結果並非總是如此；我是經過充分考量，才選擇只講述莎拉這一方的故事，因為我堅信：**感激必須是「不求回報」的。**以我母親為例，倘若我在寫感謝信時是想要從她那裡得到些什麼，比如想要她更愛我或改變某些地方，那麼我的感激就會帶有條件，如此也就不會產生那麼強大的力量了。母親對那封信的反應，以及接下來我們的和睦相處都讓我非常感動，這些回應放大了我的感激。然而，伴隨這種結果而來的是驚訝，畢竟我完全沒預料到會演變成這樣。

換言之，**我們練習感激並不是為了要別人做出特定的反應，也不是為了改變他們或讓他們對我們感激**——這絕對不能當成我們練習感激的理由。如果拿對方的感激來衡量我們的感激是否有成效，那麼多半會因為對方沒有做出自己期待的反應而失望，這也可能會變成日後產生怨懟的種子。

此外，我們的感激行為可能會以自己永遠不知道的方式延續下去，或是我們要經過許久之後才會發現。在《跳脫框架的教學》（直譯，*Teaching Outside the Box*）一書中，作者盧安．強森（LouAnne Johnson）便以她的故事闡明了這一點：有個經營私家偵探社的人被問到，人們僱用私家偵探最常見的理由是什麼。我們可能會以為答案是調查婚外情，但其實不是。在訪談超過一百五十位偵探後，最多人要求幫忙的是想找到以前的老師向他們道謝[34]！

莎拉如果要培養感激之心，就必須放下「以感激影響戴夫或改變其行為」的想法。她練習感激的原因必須是為了「改變自己」：為了保持友誼、為了幫助她變得更寬容更誠實、為了放大她在戴夫與自己的生活中所察覺到的好，以及為了加強經營人際關係和處理衝突情境的能力。

不過，儘管莎拉找到了理由想要開始解決她跟戴夫的問題，這也不表示兩人之間的差異與衝突就會完全消失。沒錯，他們還需要解開一些心結，同時莎拉對戴夫的感激也只恢復了一部分，然而她重新找回的感激正扮演著最重要的角色：照亮缺乏感激的地方。如果他們要繼續合租公寓——從莎拉的角度來看，就有許多事情必須開誠布公地說出來，互相討論，希望能達成共識，他們的友誼才有辦法更加茁壯與坦率。

※

我們在這一章所探討的情況相當簡單明瞭，因此也相對容易，能設想出如何找回感激好讓自己放下怨懟。比較複雜的是「會逐漸造成傷害」的事情，在這種情況下，即使我們知道感激很重要，但那些陰鬱、令人難受且又經常隱藏起來的情緒，會讓感激變得彷彿遙不可及。下一章會探討若要改善上述情況，第一步就是認清怨懟是什麼。找出怨懟的潛在特徵、瞭解它的樣貌，我們才能夠進一步採取行動。

◆深切感激的特徵

- 它能建立並維持關係。
- 起初會有一種愉快、感謝、敬畏或驚訝的感覺。
- 透過行為表達時會更加深刻。
- 必須採取行動並實現，而不只是去「想」或「感受」。
- 它會產生更多的感激，變成一種「善」的循環。
- 它會隨著時間增長。
- 它會培養出一種「互相聯繫」和「相互依存」的感覺。
- 它包含了不斷地「施與受」。
- 它不會期望得到回報或改變對方。
- 它能讓我們更懂得察覺他人的優點。
- 它能幫助我們看清自己的怨懟與怨恨為何。
- 它會以我們可能從未想到的方式，持續影響自己和世界。

第二章

認清怨懟的本質

怨恨就像自己喝下毒藥卻希望能毒死敵人。

——前南非總統　尼爾森・曼德拉（Nelson Mandela）

感激有一種奇妙的力量，能照亮缺少它的地方，特別是與其相反的「怨懟」所在之處。我們可以開始在某些情境中留意這種現象，例如，我們想要表示感激，卻因為覺得痛苦或無法開口而難以做到的時候。我經常把這種情況稱為「渾沌」（murky）——我們知道某件事不太對勁，卻又說不上來是什麼，也無法完全向自己坦承這一點，更別說要向別人坦承了。

事實上，我們甚至很難承認自己心懷怨懟，因為怨懟在本質上是隱藏的。正如美國政治和法律哲學研究者胡安・伯納爾（Juan Bernal）所言：「在人際關係中不應談論怨懟的標準；怨懟應該要保密，即使對自己亦然。[1]」我們之所以不敢承認自己存在怨懟，可能是想要保持美好與正面的形象，或者不想擾亂現狀。

躲藏起來的怨懟

嫉妒、憤怒、沮喪、失望等其他負面情緒雖然也會使人不愉快，但卻比怨懟的感受更為「直白」，也更能讓我們意識到，要和別人談論這些情緒通常比較容易，因為我們會有那些反應似乎合情合理，也比較能被社會所接受。例如：被當成臨時員工受到惡劣對待而感到憤怒，是完全正當的；由於政府對氣候變化毫無作為而覺得生氣或沮喪，會被視為情有可原；對於家暴所造成的傷害表達厭惡和憤慨，是一種真誠的反應且符合社會觀點。

然而，**怨懟通常都帶有一種羞恥感**：它會拆穿我們，使我們顯得有些軟弱，無法成為自己以為的那種人，也無法維持自己想在別人眼中留下的形象——為什麼我們還沒放下？為什麼我們要執著於看似不重要的小事這麼久？我們竟然會受到這麼深的傷害，有時候想想還真荒謬。這種羞恥與罪惡的感覺會使情況變得更複雜，讓我們更難以認清怨懟的本質。

對我們應該感激的人產生怨懟，或許也會令我們覺得羞愧，使我們可能陷入我稱之為「感激黏網」（sticky web of gratitude）的處境：深陷其中受到拉扯，一方面覺得自己受過某人的恩惠而虧欠對方，另一方面卻又因為受到傷害而怨恨對方。此時怨恨的感覺通常會更為強烈，但由於我們認為自己應該要感激，所以傾向於將怨恨隱藏起來。這種黏網在戀愛關係中非常普遍；我們平常可能會不斷被提醒，想起另一半「以前」曾為我們做過什麼，因此我們只能滿懷感激。然而，這可能會使我們無法誠實面對自己，不去處理「現在」對方讓我們失望或造成痛苦的問題。

感激黏網的另一個特點，是我們普遍認為無論自己對另一個人有多麼感激，只要覺得是對方引起了怨懟和怨恨，那麼處理問題的人就應該是他們而不是我們自己。我們可能會對他們勉強表示感激或只是做做樣子（順帶一提，這不能算是感激），然後空等著想要對方知道我們的痛苦並採取行動。這種等待可能會持續好幾個月，甚至是好幾年；在此期間，我們會將怨懟合理化並隱藏起來，或者決定在關係中將就——全都是以「感激」的名義。

我們經常擔心回想過去的痛苦，是否就只是在揭開傷疤？此外，也會憂心和對方討論這件事的後果、害怕他們的反應，尤其是當對方握有權力的時候。要面對傷害我們的人確實非常可怕，我們或許不相信自己有能力理性冷靜地解決情況，所以最後還是只對自己說「維持現狀就好了」。假使我們長期如此，就會一直將這種事情合理化，直到我們不承認自己心懷怨懟。**當這樣的怨懟經年累月存在之後，最後就會變成了生活方式或個性的一部分，說不定還會認為這不是自己所能選擇的。**

當然，某些怨懟並不會隱藏起來，例如，因為創傷事件遭受不公而引起的怨恨。要表達這種怨恨簡單多了，通常也會被視為理所當然，完全合乎情理。在這些情況中，怨恨可能會被當成最適當的反應，甚至往往還會得到公眾認同，不會帶有任何羞恥感。由種族偏見和宗教不寬容所引發的民怨就是十分具體的例子。

不過這種規模較大的怨恨可能會淹沒日常的怨懟，或使其變得無足輕重。我們之所以對於抱持著規模較小的怨懟會感到羞恥，有一部分原因是這種怨懟和世界上那些大規模的不公不義比較起來似乎無關緊要。再者，多數關於怨懟的著作都是在討論規模更大、更痛苦難忘的怨恨，規模較小的怨懟幾乎沒人關心。

為了不讓怨懟躲藏起來，我們必須承認它的存在。我們必須讓怨懟擁有聲音、形體、地位，這樣才能好好討論，不會產生羞恥或罪惡感，也不會出現自我批評或批評他人。只有這樣才能看出怨懟是如何剝奪我們的感激並破壞我們的關係。在本章，我們會探討怨懟的一些主要特徵，好讓我們能清楚辨認出自己的怨懟究竟為何。至於該如何尋找自己的怨懟？首先，可以從「不可能覺得有感激的地方找起」。

怨懟與怨恨會抵銷感激

傑瑞米（Jeremy）和他的母親關（Gwen）之間的關係，就是怨恨的經典案例。關在一家養老院已經住了十年，但傑瑞米很害怕去探訪母親（也因為自己有這種感覺而產生罪惡感）。他們的對話通常都會演變成：關喋喋不休地抱怨她丈夫，也就是傑瑞米的父親，說他狠心地結束婚姻，跟比她年輕許多的「那個女人」跑了。她會不斷重複以前的故事，提起他們不得不賣掉那棟漂亮的房子、傑瑞米被迫轉學、她失去的朋友，以及要是她丈夫「做得對」，他們現在的生活就會過得更好。

關這種一直受到背叛與傷害的強烈感覺，在某種程度上是可以理解的，但是這種感覺在過去三十年中掌控了她的生活；不是只有五年、十年、二十年，而是三十年！關始終無法放下遭到背叛所造成的痛苦。由於陷入了痛苦，所以她的感覺無法「重新發送」——怨恨滲進了她的骨子裡，毒害她的心智，也毒害身邊的人。

聽到丈夫說要結束這段婚姻時，關感到嫉妒、憤怒、失望、沮喪、悲傷，而且震驚至極。她不知道他會傷害她如此深，這些痛苦的想法徘徊著，在她的腦中不停打轉，夜復一夜，年復一年，逐漸將她的情感轉化成一種深刻的怨恨。關會透過這種怨恨的視角看待其他所有的事情，只要一個不如意就很容易感到失望。最後這股怨懟和忿恨定義了她的生活，也成為她的特徵。就像哲學家尼采說的：「世上沒什麼比怨恨的感受能更快吞噬一個人。」被強烈的怨恨吞噬的關，自此發展出固定的人格面貌，變成了「一個對凡事都忿忿不平的人」。

關的忿恨通常會在聖誕節前後逐漸加深，因為她的丈夫就是選擇在聖誕夜那天，告知要離開的消息。傑瑞米可以料到她又要喋喋不休抱怨什麼：「我可不要又得熬過一個聖誕節……，又來了，又是一個難過悲慘的聖誕節，這都多虧了你父親啊。」諸如此類。關幾乎隨時都沉浸在自己的憤怒中，以致於無法看見或感受到其他人的痛苦。傑瑞米的妻子與孩子都難以忍受，每一年他們都會懇求他，希望能過個「沒有關的聖誕節」，他們全都很厭惡關那怨恨發作的模樣，這會徹底搞砸過節的氣氛，每一年都是如此。

覺得關難以相處的不只有她的家人，還包括養老院的大多數照顧者。大家都知道，只要任何一個人稍微晚一點處理她的需求，或者沒按照她的標準做到某件事，她就會說出尖酸刻薄的話。待在養老院的那些年，關幾乎從未對任何人為她做的任何事表達過感謝，這使得工作人員比較不想跟她相處。

傑瑞米曾嘗試提醒母親，想讓她知道父親沒有那麼糟，他們兩人曾經有些日子很快樂，父親確實有一些優點；然而其中最令傑瑞米難過的是，關沒能想到傑瑞米就是他們以前發生過的好事之一。由於關的怨恨實在太強烈了，根本不可能對丈夫離開婚姻之前所做的任何事情覺得感激。

為了母親好，也為了他自己和家人好，傑瑞米懇求母親原諒父親，放下一切的痛苦與責怪。不過關只要一聽到他提起這件事就會覺得受傷或生氣。她指責傑瑞米漠不關心，無視她的痛苦。結果，怨恨就這樣繼續滋長。

怨懟的反芻

比利時裔美國哲學家艾蜜莉．羅蒂（Amélie Rorty）是這麼描述怨恨的：「……它會以過去為食，不斷咀嚼充滿了羞恥、侮辱與傷害的痛苦回憶，然後又吐回口中，直到苦味變成了香味。[2]」

你是否曾經被某人深深傷害，覺得自己永遠無法放下那種痛苦？這種感覺可能會糾纏你好幾年，就跟關一樣。如果沒有事情讓你分心，它就會在晚上煩擾你；你會在腦中一遍又一遍回想發生的事．你會反覆思考，試圖處理傷痛與震驚，希望能釐清頭緒——可是你做不到。白天的時候，你會向願意傾聽你說話的人再次講述一切，試圖理解自己這麼失望的原因。你想從別人身上得到認可，安慰自己不是只有你會對這種情況感到厭惡、憤怒或訝異。

「怨懟」（resentment）一詞來自古法語的 resentir，意思是「重新經歷一種強烈的感受」[3]。怨懟有兩個顯著的特徵會促使我們反芻思考：它會在腦中不斷重現當初的情況，並長時間存留，揮之不去。

關的丈夫離開時，她沒有阻止。她向願意聽她說話的人表達了震驚、傷痛與憤怒。但由於她未能直接向丈夫表達自己的感受——亦即她的痛苦來源，對於丈夫的行為深感不公，遲遲無法放下，而這樣的感受就卡在心中變成了怨恨，同時，她覺得自己無能為力，沒辦法改變情況。關的情緒（emotions）無法成為 e-motions——energy in motion（流動的能量），因而使她自己陷在這份痛苦之中。

之所以會形成怨恨，不只是單一情緒，而是混雜的情緒。美國社會學教授華倫．坦豪頓（Warren TenHouten）將此稱為怨恨的「第三級」（tertiary-level）特性，結合了憤怒、厭惡與驚訝[4]。這裡提到的驚訝並非愉快的那一種，而是關感受到的震驚：這種深刻的衝擊會影響人的行為舉止，或讓一切看起來不像表面那樣，而讓我們深陷於怨恨之中的就是這種震驚。

由於怨恨是一種難以擺脫的情緒，我們無法輕易地從這樣的痛苦走出，所以它會增長、惡化，進而開始吸引其他的怨懟。或許你有過這種經驗：夜晚醒著躺在床上，一遍又一遍沉浸在當下的怨恨之中，結果發現腦中似乎出現了其他怨懟。如果你不做點什麼來處理這些忿忿不平的想法，就可能會導致失眠，引發第一章所述的其他各種身體和心理疾病。

我們可以從關的案例中看出，她的反芻思考變成了一種習慣，怨恨變成了她唯一的性格，成為生活以及與他人相處的唯一原則，甚至讓她也如此對待那些與她的痛苦完全無關的人。當怨恨成為生存之道，我們不但會反芻自己的情緒和想法，還會發展出一種完整的病態怨懟。

尋求公平正義的怨懟

那麼，要是關原諒了她丈夫呢？就足以讓她擺脫怨恨嗎？答案是不太可能，因為怨恨的另一個特徵是：就算我們「說」要原諒對方，多數時候心中仍然會存有惡意[5]。換言之，除非我們能想辦法寬恕與忘記，否則就一定會記得自己當時受過的不當對待，無法放下。

例如，要是我們依照前美國總統約翰·甘迺迪（John F. Kennedy）的指引：「寬恕敵人，但永遠不忘記他們的名字」，這樣就會讓怨懟和寬恕平起平坐。然而，這種態度會削弱寬恕的力量，在某些情況下還會破壞寬恕的真實性——可能會將「不忘記」轉化成「不放掉痛苦情緒」。接著我們就會在遇到類似情況時，質疑這種寬恕的真實性與效力。你可能有過這種經驗：某個人說要原諒你，可是卻露出痛苦的表情或者無法直視你，不然就是你知道這個人還繼續在背後中傷或誹謗你。因此，你不會覺得自己真正得到了原諒。

嘴上說原諒，結果卻永遠不忘記，其中一個主要原因是：深陷怨懟的我們想要尋求公平正義——這是我們糾正錯誤的方式。我們相信之所以會有怨懟的反應，是因為我們站在道德的立場看待發生在自己身上的不公平，事實上，有些人甚至會把怨懟稱之為「一種公平正義的情緒」[6]。對關而言，她覺得放棄怨恨就等於放了她前夫一馬，也就是她接受了他那些不公平且有害的行為，或是她容忍了他的背叛。關的怨恨是要向自己和他人宣告她能分辨對錯，以及她很明顯是對的，而她的前夫很明顯是錯的。

然而，怨恨會給我們一種錯覺，以為這樣就能帶來公平正義並傷害對方。在現實中，這只會傷害我們自己以及受到我們怨懟影響的所有人。因此前南非總統曼德拉才會說出如此貼切的話：「怨恨就像自己喝下毒藥卻希望能毒死敵人。」即使關覺得自己完全有理由產生這麼強烈的怨恨情緒，但實際上她的丈夫卻放下了：他正過著新生活，且經過三十年後，他對自己造成的傷害很可能已經沒有什麼罪惡感。

再次強調，由於怨懟會尋求公平正義，所以光是寬恕和原諒可能不足以讓人放下痛苦；「不公平的感受」才是使我們難以寬恕的真正因素。在追求公平正義的過程中，怨懟會將「我們」跟「受到不當對待的記憶」綁在一起，讓我們遲遲無法放下。

我們也可以從另一個角度來探討。當我們被怨懟吞噬，永無止境地反芻著我們所謂的不公平待遇，這時要公平對待對方幾乎是不可能的事。震驚與強烈的失望往往會讓我們無法設身處地從另一個人的觀點出發。怨懟通常會讓我們想要趕快保護好自己，並以公平正義的名義建立起各種屏障，從而無法以其他方式感知事物。這會導致我們過度敏感，甚或找不到生活中前進的方向。我們可能會因此告訴自己這樣比較簡單：不去處理那段糾結的關係，繼續壓抑我們的怨懟和怨恨，並將其徹底隱藏。

怨懟會造成無能為力的感受

我們看見了傑瑞米懇求母親關選擇別的做法——寬恕，並對「丈夫離開她」之前的那段快樂時光心懷感激。他始終希望，總有一天母親會明白自己能夠「選擇」如何應對。事實上，傑瑞米最苦惱的就是母親打從心底認為她自己沒有選擇的餘地。

長期的怨懟與怨恨會控制我們看待世界的方式，並誘使我們持續蒐集證據，好讓造成我們痛苦的理由更具說服力。根深蒂固的怨懟會固化我們的世界觀，導致我們只看得到對方的惡行，完全沒有容納其他事物的空間——關的情形也是如此。這時，只要有人建議我們選擇其他做法，感覺就像是在否定我們的一切。

怨懟的其中一項特徵就是：讓我們覺得自己無力選擇另一種立場的心態。事實上，在大多數的時間裡，我們除了會責怪另一個人對我們做了壞事，也會認為是對方害我們陷在怨懟之中——這正是處於中毒「反應」的循環，因此無法做出採取其他行動的選擇。也就是說，怨懟會讓我們覺得自己沒有選擇的餘地，除了責怪，還會認為自己完全是對方惡行之下的受害者。與此相對，為自己的心態（和反應）負責，感覺就像我們放了對方一馬或是在某方面原諒了他們，同時威脅到我們對這件事所產生的不公平的感覺。

如果想採取行動，最重要的關鍵是：要承認你感到怨懟，以及你能夠有其他的選擇——這就是傑瑞米選擇的做法。最後他只能接受，想要八十一歲的母親改變幾乎是不可能的事。傑瑞米能做的是從這段經驗中學習，不讓自己對母親的怨懟惡化，也不以如此無力且有害的方式來應對自己的失望。

逐漸惡化的怨懟

如果你存在怨懟，把它隱藏起來有助於消除它嗎？一點幫助也沒有，壓抑怨懟只會讓情況變得更糟。我們不能只是空等著希望它會自行離開或隨時間消逝，因為怨懟在本質上是不會消失的——它會惡化。怨懟會收集周圍的能量，在我們想要找到別人來強化自己遭到不公平對待時，很可能也會吸引到其他心懷怨懟的人。

先前提到，由於關一開始對遭到背叛的事極為震驚，最後影響了她的生存方式，因此她會透過這種角度來看待生活中的其他事物。她想要找到其他令人失望或受到背叛的例子，並在心中放大這些事件，藉此證實她認為「世界是不公平」的看法千真萬確。**怨懟之所以會惡化的另一個原因，是它會引發其他人對我們的怨懟。**在關的案例中，我們可以看到她的刻薄讓家人和照顧她的護理人員都產生了反感，他們因此對她感到怨懟，而這無疑又證實並強化了她認為「全世界都在跟她作對」的看法。

我在第一章提過自己曾跟腫瘤學教授合作，當時他感興趣研究的不只是探討感激對患者的影響，也包括感激對照顧者的影響。他觀察到，從心懷怨懟的患者身上所散發出的輕蔑和消極，會對照顧他們的人產生負面影響，而且這種情況發生的頻率多到不可思議。照顧者不但會避免接觸患者或盡快結束照料工作，長期下來也會因為患者不斷地指責和抱怨，在心理和情緒上受到傷害。最終，照顧者會對那些態度惡劣的患者產生怨懟，連帶會更難對其他所有的患者付出關愛。

教授推測這種惡性循環很可能是一項重要的因素，從而導致很高比例的醫護人員在處理許多心懷怨恨的患者時會發生職業倦怠。針對「在看護期間所產生的怨懟」的研究指出，因必須照料年長親人而心生怨懟的照顧者，比較容易出現焦慮和憂鬱的症狀[7,8]。這位授教特別重視患者的臨終照護品質，所以非常關注這點。根據他的觀察，心存感激的患者不但更容易照顧，這種態度似乎也對其生活品質有更正面的影響[9]。

怨懟的相反概念是感激

瞭解怨懟的另一種方式，是透過與其相反的概念——感激。同樣地，你可以在自己覺得完全無法表示感激的關係中觀察到這種現象，例如，你可能會因為之前覺得被某個朋友輕視而感到受傷，所以就不接他的電話，也不寫電子郵件感謝對方烹煮的美味晚餐。

美國倫理學學者羅伯特．羅伯茲（Robert Roberts）在針對感激與怨懟兩種概念的分析中指出，它們是如同照鏡子般的對立面——亦即兩者是徹底相反的心態或存在[10]。但這並不表示我們無法同時心存感激和怨懟：如果少了感激，就無法擁有正常的關係，但我們之中也鮮少有人能完全不懷有怨懟。這項分析的意義在於，倘若我們想要真正感激某人，就無法同時也對他們感到怨懟。因此，要是我們想對某人表示感激，就必須先處理對他們的怨懟。

如果想要更瞭解這種情況，你可以想想看「和容易令你產生感激的人相處」以及

「和讓你充滿怨懟的人相處」之間有什麼差異。當你跟某人處於心存感激的關係中，會覺得自己隨時都想要跟對方在一起，你可以輕易和對方建立起連結，同時察覺並讚揚他們的優點，且承認這段關係有多麼重要。與此相對，感到怨懟的時候，無論是身體或情緒都會盡可能地避開對方，就連聽見對方的名字都會讓你生氣或改變心情。

儘管怨懟會使人分離，但感激卻能讓人們的關係更加緊密，因為它會促使我們思考自己得到了什麼，以及能夠如何回報；怨懟會造成疏遠，但感激能為關係帶來溫暖、認同、歡樂與愛；在我們反芻思考自己被奪走的東西時，怨懟會耗盡我們的能量，而感激會使我們精力充沛、打開心扉，讓我們知道自己獲得了什麼，以及能夠如何回報；**怨懟會損害並破壞關係，感激則能建立與維持關係。**

在某種程度上，感激與怨懟都是從「施與受」以及「饋贈」的循環中產生。「感激」是感謝你從對方那裡得到的東西，並且激勵你以某種方式回報。「怨懟」則會帶來「不公平的感覺」（a sense of injustice）和「應得權益感」（entitlement），讓你覺得對方應該給你某種東西卻沒給，或是給你的只有傷害。

當我們心懷怨懟時，就會覺得自己受到別人利用，或者，使我們受傷或失望的人得到了某種東西，而我們卻失去了——這正是關無法放下怨恨的原因：這是一種對所發生情況保有「權力感」的方式。然而，只要心存感激，每個人都是贏家。給予，就會得到，而且心情愉快，這往往會讓我們積極尋找對他人有益的做法。

感激跟怨懟也都有一種「結合」（binding）的特徵。羅伯特・羅伯茲指出：「感激往往會將處於互相友好及關愛的我們結合在一起，而怨懟往往會使我們排斥彼此，或是將我們結合在互相仇恨與敵視的關係中。[11]」

隨著本書內容探討下去，你會發現怨懟讓人拒絕寬恕，因為它會使我們受到傷痛事件的束縛，以痛苦的方式不斷提醒著我們。

「練習」感激

關於感激與怨懟，目前我們所學到的內容可能會讓你有點不知所措，或者認為這一切都太困難了，不然就是想要尋求容易產生感激的關係。沒錯，一旦你多接觸自己的怨懟，就會發現要對「讓你感到委屈的人心存感激」似乎比你原先想像的更難做到。因為邏輯會告訴你，既然是他們傷害了你，那麼該努力的人應該是他們而不是你自己。於是，你得在怨懟中尋找感激的方法，但這可能是你最不想做的事情。

然而，要從怨懟走向感激可不是只要「想到」就能「做到」的。事實上，你很可能會想出一堆不這麼做的理由，或者一直拖延去做其他讓你覺得比較自在的事情。在此，我的目標是讓你知道該怎麼做、讓你不因此卻步，能夠以你覺得最自在的方式接納感激，從而著手解開你的心結。

想達成這個目標，我們就要深化自己對於感激的概念。目前，我們已經探討過深切感激的觀念，這是一種有目的的行為，源自於感激之情，或是因為我們知道自己從某人那裡得到某種東西，所以想要透過某種方式予以回報。在怨懟中嘗試感激時，請記得感激是我們要練習的一種行為，而非自然產生的正面感受，也不是我們能夠馬上「做到」的事[12, 13, 14]。

舉例來說，就像學習演奏樂器，這不是只嘗試一次就必須精通的事。**「練習」的觀念會鼓勵我們，讓自己認為是為了變得更熟練而「試著」去做某件事。**千萬不要抱持完美主義或批評自己，我們當然不能一開始就把自己當成專家，最重要的是勇於嘗試。因此在練習感激時，我們要知道這是一項「進行中」的工作，而且我們必須經常關注留意，如此才能逐漸接近目標。就像學習小提琴，無論當下你喜不喜歡都必須練習；同理可證，你不應等到適當的情況出現再去做，否則你永遠不會有任何進展。

因此，如果想要成功，就必須設定實際可行的目標。與其嘗試向身邊每一個人或是對心懷怨懟的所有人表示感激，不如只選擇一、兩個對象或情境，穩定且持續地培養感激、練習感激。另一個重點是，剛開始時要稍微跳出舒適圈，但別脫離得太遠，如此一來，我們選擇的感激練習就能讓自己稍微超出界限，但又不致會產生更多怨懟的地步。例如，你在工作場合屢次要求某人放低音量，但對方卻不理會，讓你覺得不受尊重又心生怨懟。選擇這種人，會比選擇嚴重傷害你或是你憎恨許久的人要來得簡單，也更能夠把自己從這種練習中獲得的覺察、技巧和信心應用到更困難的情境中。

找出怨懟的原因

你可以把「寫下自己怨懟的原因」當成第一個目標。我們在本章探討過，「認清怨懟」本身就具有非常強大的效果，因為這麼做可以顯露自己隱藏的一面，之後在採取行動時也會更能夠意識到實際的情況。接下來，或許你能「嘗試接受自己在這個情況中所扮演的角色」，而不是將一切怪罪到對方身上。

下一步，則是開始尋找對方令你感激之處，或者注意他們的優點。這並不是只要做一次就好，而是要花時間認真思考，並在必要的時候提醒自己，當成感激的練習。只要我們持續這麼做，就會慢慢解開心裡的結。

練習感激時，請記得這是在證明而非貶低自己的價值。雖然這麼做可能不容易，但至少我們要在過程中讓自己好過一些。把感激當成是練習的另一個好處是，讓我們有機會去「嘗試」某件事，看看自己是否真的能夠辦得到。最重要的是，我們可以衡量這麼做會不會造成壓力，或者，在當下是不是超出了自己的能力範圍。

我們在第一章探討過，練習感激是為了改變自己而非對方。這一點我們必須隨時謹記在心，尤其是在怨懟中練習感激的時候。感到震驚與不公平的我們，一定會想要對方明白是他們做錯了而且必須道歉，因此我們才必須記住自己是在「練習」感激：無論對方的態度為何，我們都要特別注意「自己」的反應，注意「自己」如何改變、成長以及放下怨懟。

由於感激與怨懟是對立的兩面，所以每當我們遠離怨懟一步，就等於是往感激靠近了一步，也就是說，前述的所有做法都等於是感激練習。我希望你知道感激不只是一種衷心表達感謝的方式，更是你在處理怨懟時可以預先採取的步驟。

怨懟讓我們知道什麼才是重要的

誠如前述，怨懟最大的特徵是讓我們知道身邊的人有多麼重要。他們對我們的反應很重要，而我們對他們的反應是否感到公平也很重要，這些都會深刻影響我們在生活中每段關係裡所做的多數決定。我們會格外留意那些可能傷害我們的人，也會準備採取各種保護行為，阻止那些我們覺得已經造成傷害或可能會造成傷害的人。

當前，我們的目標是找出感激和怨懟存在於生活中的哪些不同領域，這樣才能透過各自的角度更加瞭解彼此。深入認識怨懟之後，我們就可以看出已經隱藏多年的感覺和反應。**認清怨懟及其顯現的樣貌是很勇敢的行為，我們千萬不能低估它的力量；這種自知之明非常珍貴，會使我們對自己與他人更加寬容。**

※

在本章，我們探討了認清怨懟的重要性，如此一來才能讓感激在我們的生活中發揮更強大的力量。在第三章和第四章，我們會繼續研究怨懟的本質、探討其根本原因，以及感激在處理這些因素時所能扮演的角色。

◆怨懟的特徵

- 往往深藏於潛意識中，有時自己也難以認清察覺。
- 必須先認清再主動處理。
- 它會在缺乏感激時惡化。
- 它會導致我們自覺像是受害者並一直責怪對方。
- 會因為感受到不公平而遲遲無法放下，以及受到強烈衝擊而揮之不去。
- 可能會占據全部心思，使人難以專注在其他事物上。
- 它會讓我們對於痛苦的事件陷入反芻思考。
- 會隨著時間持續惡化下去，並進一步產生其他怨懟和更嚴重的怨恨。
- 它會使我們在選擇自身立場時感到無能為力。
- 它會抵銷感激，讓我們忘記對方的優點。
- 經常以背後中傷、八卦、譏諷或嘲弄的方式顯現出來。
- 源自「期望破滅」或「覺得被迫感到自卑」。

第三章

破滅的期望

在最討厭的行為背後，是一個迫切需要同情的失意之人。

——美國海洋生物學家　瑞秋・卡森（Rachel Carson）

對於如何認清怨懟及其在日常生活中可能造成的影響，你大概已經有了更清楚的概念。你可能會好奇，為什麼有些關係從一開始就特別難熬與糾結，不過只要理解你產生怨懟的原因，往往就能找到答案。在本章我們要探討其中一項最普遍的因素——破滅的期望，它會導致失望、背叛和不公平的感受，而這些感受都會引發怨懟，甚至強烈的怨恨。緊接著，我們在第四章則會討論：如何透過感激處理往往會伴隨著「被輕視」或「嘲笑」而產生的自卑感所造成的怨懟。

我曾有幸受邀至一場全天研討會，演講主題是「感激所扮演的角色」，演講對象是一群剛從二〇一六年里約奧運及帕運歸來的頂尖運動員。我的朋友都覺得這很諷刺，因為我是最缺乏運動細胞的人。我不運動、不看運動比賽，對運動也沒什麼興趣。為此我很擔心這門學問在運動的背景中能發揮多大用處。於是，我想找出一些共通點，讓運動員能跟我在大學裡的學生們一樣產生共鳴。

當朋友令我們失望

研討會一開始先著重探討感激的好處，那些都是我研究計畫中數百位參與者的親身經歷，我們也談到許多有關「感激的好處」的科學研究。不過，一直要到我們開始討論感激有多麼困難與複雜時，大家才開始覺得有趣，氣氛也跟著熱絡起來。這時我找到了共通點，而「滿懷怨懟的我要如何心存感激？」的問題，再次引起了共鳴。

在討論這個主題時，我注意到一位名為喬瑟琳（Jocelyn）的運動員看起來不太自在。她好不容易才開口，說有個關於怨懟的好例子想跟我們分享——她說她有一位同是隊友的好朋友名叫愛麗絲（Alice），但她未能獲選參加奧運。

她們倆一起訓練了八年，一直以共同參加這第一次的奧運比賽為目標。喬瑟琳獲選進入隊伍，愛麗絲則失去機會，因而徹底崩潰。雖然喬瑟琳非常開心，但也因為這個意想不到的結果，讓她對愛麗絲感到十分痛心，甚至還有一些罪惡感；她們都沒有準備好面對這種事。

愛麗絲相當失望與憤怒。她一直覺得自己在眾目睽睽下失敗了，而且還有一種自卑感，導致她針對喬瑟琳散布了一些惡意的謠言——她開始在她們共同的朋友、其他頂尖運動員和教練之間說她的壞話。喬瑟琳得知以後相當震驚，覺得遭受背叛，她對愛麗絲原有的感激此時全都被怨恨所吞噬，這讓她怎樣都無法擺脫在腦中不斷翻攪的負面想法。

我想我永遠不會忘記她分享後續發展的那一刻。喬瑟琳對我們所有人承認，她把這些憤恨不平的感覺和情緒，直接帶進了奧運決賽。喬瑟琳的所有夢想都實現了——不只是參加奧運，還進入決賽，有全國人民替她加油，可是她向大家坦言，在那個緊要關頭、在最需要全神貫注的時候，她卻只能想到自己因為被愛麗絲背叛而有多麼失望，這種怨懟的情緒讓她完全無法對自己努力爭取到的這段重要經驗感到喜悅。

最後，喬瑟琳在比賽中贏得了一面銀牌。雖然這是很偉大的成就，但她認為要是當初知道如何阻止怨懟占據心頭的方法，自己就有更大的機會能取得金牌。她在我們的研討會上領悟到，如果她能認清怨懟、學會如何處理，比賽結果可能就不一樣了。此時的喬瑟琳在經過幾個月後仍然覺得很困擾，因為她心裡有一部分還在責怪愛麗絲害她沒得到金牌。

喬瑟琳的訓練採用最先進的「集中性注意力」（focused attention）與「正向心態」（positive mindset）策略。她已經練習這些策略好幾年，然而到了真正的關鍵時刻，怨懟的影響還是掩蓋過這些策略。

未能獲選的失望

喬瑟琳講述她的經驗時，現場其他運動員紛紛點頭附和。他們說這種情況很常發生，特別是為了比賽選拔的時候。大家熱烈地分享了各自的故事，說自己因為沒有處理好怨懟，結果和隊友嚴重鬧翻，斷絕往來。另外他們也敘述身心因此受到了什麼負面影響，他們說有些朋友甚至徹底崩潰，完全放棄自己的運動生涯。

雖然大家很同情喬瑟琳受到愛麗絲不適當的對待，卻也能理解愛麗絲的立場。他們分享了在幾乎日復一日、年復一年從早到晚努力訓練之後感受到極度失望的經驗。未能獲選參加重要賽事的感覺令人心碎，而且難以平復，尤其是他們還這麼年輕。

你可能也有過類似的經歷：為了目標投入好幾年的心力，卻因為結果不如預期而失望透頂；在工作場合沒被選上擔任某個職位就是很好的例子。如果你覺得自己在職位上一直以來的努力並未得到應有的認同，就很容易產生強烈的世道不公的感受。

我們也可能在為人父母時感受到這種失望以及隨之而來的怨懟。從懷孕開始，我們很自然會對孩子有遠大的計畫，我們可能會為了讓他們發揮潛能而做出許多犧牲。然而，如果他們未能實現我們設想的目標，或者情況不如我們預期的發展，尤其當他們走上我們認為自毀前程的道路，這時真的很難不感到怨懟。

期望的重量

這些運動員的故事讓我領悟到另一個重點。在我們的印象中，運動員可能是競爭力強、高度專注且勢不可擋的英雄人物。但說到底他們其實也是人——我們都是。身為人的意義之一，就是我們隨時都處在與他人的「關係」之中。也就是說，**無論再怎麼專注於個人的追求、再怎麼為了達成目標而孤立自己，當關係問題成為我們無法克服的痛苦時，它就會侵蝕並影響生活中的所有層面。**

幾乎所有的關係，包括私人關係與專業關係在內，都是建立在期望之上。在某些情況中，關係是以「我們認為自己跟對方共有的價值觀或道德標準為基礎」。關係的建立通常是根據各種不成文的默契——我們覺得大家「應該」和「不該」做什麼，或者他們依照自己的角色「應該」或「不該」有什麼行為。例如，在當代的澳洲文化中，我們會期望父母應該平等對待自己的孩子，不該特別寵愛誰；我們期望雇主在提供升職的機會時能遵循正當程序，不該偏好某位員工。就像第二章提到的關，我們也期望自己和結婚的伴侶能夠永遠在一起，「至死不渝」。

在理想的世界中，我們可以清楚傳達自己的期望，也會經常重新審視，藉此獲得進一步的澄清與確認，此外我們還會詢問彼此是否想要改變某個共識。不過，我們之中許多人都沒學過「溝通」這門微妙的藝術，而且要找生命中重要的人討論共識或期望也會覺得有些為難——要怎麼帶出話題又不會表現得好像不信任對方？要怎麼樣才不會小題大作或過於正式？

無論如何，其中必須注意的是，我們有這些期望時，不一定會將對方納入考量，我們只會期待對方同意。這是依據聯繫的強度、對文化規範有共同看法的假設，或者過去的經驗；也就是說，**我們會把自己想要的投射到對方身上，以為他們也有相同的想法**。在我看來這是一個重要的因素，它會在我們的關係中造成太多衝突，會讓太多的關係遭受怨懟的汙染。

喬瑟琳與愛麗絲的關係建立於一連串的期望之上。身為最要好的朋友，她們的期望是無論選拔結果如何，兩人都能相互尊重；她們期望這種互相尊重會防止彼此暗自中傷或散布流言；她們期望不管是誰獲選，雙方仍然能保持親密；她們都期望，就算發生任何情況，大家也可以成熟面對並做好自我管理。

喬瑟琳也對自己處理狀況的能力有高度期望，而這導致了自我怨懟（第六章會深入探討這個主題）。在參加我們的研討會前，她沒有找過任何人談論自己的痛苦——心中無法放下，還受到嚴重的影響，這讓她感到很羞愧。另一方面，她覺得向教練承認的話會被當成弱點，這麼做風險太大了，因為他們可能會認為她無法發揮最佳表現。一想到運動組織為了讓運動員能專心比賽而投資這麼多，喬瑟琳就覺得她沒能克服這種感受實在很失敗。

研討會結束之後，很多運動員都說他們鬆了好大一口氣，終於能夠用某種方式談論這種揮之不去的怨懟感受。他們也找到了慰藉，因為他們知道不是只有自己才會這樣。他們得到這些啟發之後，我接著受邀為頂尖運動員的教練主持講座暨研討會，並得到許可分享了喬瑟琳和愛麗絲的故事。在後續的研討會中，教練們異口同聲表示他們以前也沒能好好談論這種事。他們說自己當初身為頂尖運動員的時候，也會因為未能獲選參加比賽而感到崩潰。他們談到了隨之而來的羞愧，以及像是被當眾羞辱的感受。對在場的許多人而言，從運動員轉變到教練的過程中，最明顯的特徵就是未能獲選的深切苦痛，因為他們覺得有很多事沒能處理好。

有些人甚至坦承因為自己無法放下怨懟，所以在訓練選手時並不開心。他們表示，經過這些感激研討會後，他們才意識到自己因此與運動員的關係變得有多麼冷酷。以前教練並未處理他們的失望與隨之而來的怨懟，所以他們沒有任何前例可循，當然就不懂得如何照顧好未能獲選的運動員。他們反而覺得運動員應該「堅強」，這樣才能在期望落空時承受「必然」的打擊。最後，這個運動組織開始認真思考一個重要的問題：怨懟與感激的訓練應該從何時開始？

因期望破滅而引發的怨懟隨處可見。在我前往講述這個主題的所有學校和大學裡，教師們都普遍認為學生之間充斥著怨懟之情。

老師經常認為學生有一種應得權益感，並往往會用這個理由來解釋所察覺到的疏離及無禮行為。不過我相信其實還有更深層的原因：學生對老師或教育機構有很高的期望，因此在期望落空時會感到失望與錯愕。如果學生覺得沒能得到父母、其他家人、同儕或是（過去與現在的）政府支持，也可能因為失望產生怨懟，而他們會將這種怨懟帶進教室。在校園這個例子的脈絡中，倘若父母加入孩子一起抱怨某位老師「沒用」、「惡劣」或控訴學校多麼「無能」，可能會加深孩子心中的怨懟——父母因期望破滅而引起的抱怨與不滿，會持續助長孩子的怨懟，反之亦然。

根據我的經驗，許多學生都不知道如何處理期望破滅所造成的怨懟，而這會對他們的學習有深刻的負面影響。正如本書前言所述（這值得再三強調），學生若沒能學會如何克服怨懟，這會使他們無法專心於學業。

用更明智的態度看待期望

第二章探討過，怨懟這種情緒和不公平的感覺有所連結。我們的期望通常深植於價值觀——我們認為世界應該如何運作、關係應該如何維持、人們應該如何表現。因此，**當期望未能實現時，在我們的道德框架深處，或者更確切說是我們的內心深處，就會有某個東西破滅**。事情的進展不如我們的預期，那種衝擊可能會讓我們完全不知所措。我們會一直在腦中思考這件事，試圖釐清一切、想要移除錯誤讓情況好轉，但這往往只會讓事情變得更糟，導致我們把痛苦投射到自認的始作俑者身上。

喬瑟琳說自從她聽到愛麗絲散播的謠言後，就沒再跟愛麗絲聯絡過了。她在進入決賽時沒有收到愛麗絲的祝賀，在贏得銀牌時也沒有。此時，喬瑟琳覺得她們再也當不成朋友了。

感到怨懟時，我們往往很容易就會把讓自己期望破滅的人丟進「不是朋友」、「不能信任」的地帶，也就是外圈（outer circle），並躲避到我們認為永遠不會讓自己失望的關係之中——我們可能勉強接受那些不會質疑我們或幫助我們成長的人，至少這樣比較不會有受到傷害的風險。因此，我們可能會安於相敬如賓的朋友關係、職場關係甚或伴侶關係，以獲得安全感。

有些人對怨懟的反應是宣稱自己已經沒有任何期望了，如此一來就沒人會受傷，也不會有人失望，而這經常被吹捧成智慧的象徵。你大概聽過類似的話：「沒有期望，就不會失望。」或「當期望結束，和平就會開始。」其他人則說要是我們降低期望，就比較容易心懷感激，因為只要有人超乎期望就會讓我們十分驚喜；他們也認為既然降低期望就不容易失望，那麼沒有了失望我們就不會變成一個忿忿不平的人了。正如美國科幻小說家以撒・艾西莫夫（Isaac Asimov）所言：「對公平正義沒有期望的人，就不必承受失望。」

對生活中無法控制的重大事件放手，這也許是明智的忠告，可是如果要應用到我們跟其他人的關係上時，我認為我們可以尋求更深層的智慧。在某種意義上，放棄或降低評價也許能帶來平靜，但從另一個角度看，這會導致麻木、冷漠，讓我們更難與他人維持健全、相互滋養的關係。少了高度期望，我們很可能就會迷失方向，很多時候是期望幫助我們找到自己的定位，也幫助決定我們所認為的對與錯。

關於期望，我們可以用更明智的角度來看待嗎？造成問題的不一定是期望，而是我們如何處理，尤其是未說出口又不太容易變通的期望，或是由於我們缺乏相關的技巧與信心，因而無法跟他人討論並協調出共識。在我看來，較為明智的方法是「保持高度期望」以及「不過度在意結果」。例如，我們可以希望自己受到什麼樣的對待，但不必對未如預期發展的事產生情緒依附。這需要非常成熟的心智，然而，只要我們多練習「接受」，不受到特定的結果影響，就比較不會產生怨懟的情緒。

感激可以在這樣的接受過程中發揮助益，而接受也確實是感激的重要基礎。感激能讓我們找到面對逆境的知識，進而將失望視為成長與改變的機會；感激會幫助我們想起美好，這樣就能關注自己擁有的而不是沒有的，也不會特別在意其他人或生活中讓我們失望的一切（就像本章提的例子）；感激的心態還會給予我們在接受失望時所需要的韌性和樂觀。

然而，選擇培養感激心態作為處理怨懟的方式，並不代表我們要在期望落空時接受現狀。重點在於我們更能意識到自己重視對方的什麼，也會記得在這段關係中得到了什麼，如此一來，就比較不會出於失望而拋棄對方，因為感激會幫助我們想起對方的好，也會提供我們另一種看待事情的角度。

發揮同情心

當我們將「人際關係」看得和「實現目標」或「追求理想」一樣重要時，就比較能夠表現出這種智慧。如果我們不用承受壓力、工作過度或缺乏時間，要這麼做當然沒問題，但現實往往並非如此。就算我們真的重視自己的人際關係，光是要在競爭激烈、重視績效的世界中生存，就足以讓我們把那些關係擺在次要位置。問題是，若把「事」看得比「人」更重要，會導致猶太籍宗教哲學家馬丁・布伯（Martin Buber）所稱的「我－它」（I-It）關係，也就是把人視為達成目標的手段。與之對比的是「我－你」（I-Thou）關係，在這種關係中，我們會把跟他人的連結視為目的，因為對方很重要，所以我們之間的關係也很重要[1]。

要解開一些心結，其中一個方式是培養對他人的同情心，有意識地跟對方維持「我－你」關係。**唯有把對方視為人，並接受他們所有的缺點和弱點，我們才能在期望落空時承受失望。**我們可以運用瑞秋・卡森的深度智慧，也就是我在本章開頭引用的話：「在最討厭的行為底下，是一個迫切需要同情的失意之人。[2]」如果我們能站在對方的立場，設法從他們的角度理解情況，就可以獲得不同的觀點，藉此幫助自己減輕期望破滅時的痛苦。

我們完全能理解，喬瑟琳起初根本無法心懷感激看待她跟愛麗絲在奧運之前的友情。不過，在參與我們的研討會後，她已經找教練弗拉德（Vlad）討論自己從對愛麗絲的怨懟中領悟到了什麼。由於弗拉德也是愛麗絲的教練，所以他能夠向喬瑟琳說明她沒被選上的感受有多麼痛苦。弗拉德提醒喬瑟琳，說愛麗絲是個完美主義者，因此未能獲選對她而言就像公開被羞辱，讓她遲遲無法恢復。他告訴喬瑟琳，從數據上來看，愛麗絲或許比喬瑟琳更有資格獲選，因為她在某些比賽項目獲勝的次數更多。喬瑟琳當初充滿怨懟，以致於忘記了一件事：評選委員會的結果一定非常相近，而她非常幸運，因為獲選的是她而不是愛麗絲。然而，當她無法擺脫「是愛麗絲背叛友誼」的想法時，也就無法設身處地為愛麗絲著想。

教練弗拉德敘述了自己以前未能獲選參與一場重大國際賽事，為此而感到忿忿不平的經驗，這點讓喬瑟琳很感動。喬瑟琳已經跟弗拉德合作超過十年，兩人非常親近，可是她從來就不知道怨懟也曾讓教練如此難熬。雖然喬瑟琳在我們的研討會上聽到那些故事後得到了一些安慰，不過後來當弗拉德說起自己因怨恨而生的失常行為——包括在背後中傷其他競爭者和暴怒離開重要的團隊會議，喬瑟琳才真正明白這種行為十分常見，即使在她崇拜的人身上也會發生。

透過這些經驗，喬瑟琳擺脫了怨懟的束縛，並更能為愛麗絲感到同情。她知道怨懟讓她無法看出要愛麗絲「不」去做出那些反應有多麼困難。喬瑟琳開始發現，她對這段友誼的期望或許有點不切實際，最重要的原因是她們從未明確溝通或達成共識。教練弗拉德也坦承，要是他能在選拔時針對兩人的期望加強溝通，那麼愛麗絲跟喬瑟琳之間的敵意或許就不會那麼深了。喬瑟琳勇敢地向他說出自己的怨懟，讓他學到很多，這幫助他更能察覺自己過往的怨懟究竟為何，也因而成為一位更好的教練。

喬瑟琳本來可以選擇不相信任何人，當然包括不再相信愛麗絲。然而，接觸到認清怨懟的感激練習後，她發揮同情心，站在對方的立場著想，於是後來她聯絡了愛麗絲，為自己在這場衝突中所做的事道歉。

雖然喬瑟琳越來越能感到同情，但並不代表愛麗絲的行為就是對的，喬瑟琳的反應是錯的，重點在於她能夠表達自己有多麼難過，以及愛麗絲所做的事對她造成了多大的負面影響。**她必須在對愛麗絲「保有同情」和「保有自我」之間找到適當的平衡。**在解決衝突時，雙方都必須堅定立場並彼此學習。不過，在學會同情之後，喬瑟琳便能以更和緩的角度進入這場對話，也願意去聆聽愛麗絲的說法。

漸漸地，喬瑟琳看出了愛麗絲並不是那種會因為事情未如預期就刻意傷害她的人。她能夠把那些造成兩人之間傷害的一切歸類為特定時間發生的事，現在她們雙方都能夠理解並相互體諒。

透過感激培養同理心

怨懟會使我們無法發揮同理心，不能從他人的角度看事情，也不會設身處地替對方著想。怨懟可能會占據心靈，讓我們擺脫不了非黑即白的二元立場：我們是對的而他們是錯的、我們是好的而他們是壞的。接著，我們就只能看到自己的痛苦，沒有為另一個人考量的空間。如果我們只在意對方造成的不公平和傷害，就無法對他們產生同理心。

這種情況在一心一意地追求時特別容易出現。美國同理心領域的權威心理學家賽門・拜倫－柯恩（Simon Baron-Cohen）以馬丁・布伯的研究來說明「零同理心」（zero degrees of empathy）的人會把他人當成物體，而且沒有「你」的存在。我們可能會認為零同理心是社會病態者與精神變態者的特徵，但拜倫－柯恩提醒我們：「當一個人只專注於追求自身利益，就極可能毫無同理心。[3]」他接著表示：「有趣的是，為了全心全意追求目標，我們可能會規劃做出正面的事，例如，幫助他人。不過即使我們規劃要做正面、有價值、重要的事，但如果這樣只是為了一心達成目標，從本質上來說還是無同理心。[4]」對我來說，這些文字幫助我理解了許多學者所發生的事，而且依我淺見，這也讓我明白了為何許多大學社群都會在怨懟的壓迫下苦苦掙扎——我們執迷於自身的研究（這是學者生涯的關鍵），從而可能會因此擱置人際交流，認為那些關係並不重要，結果讓感激幾乎沒有可以生存與喘息的空間。

這種「只顧自己」的現象還可能因為怨懟而加劇，因為怨懟的其中一項特徵就是會讓人變得「封閉」和「自我導向」（self-oriented），如此一來對他人感到失望的痛苦便可能全面占據我們的思緒。然而，要是能找到方法更頻繁也更真心地練習感激，結果就會全然相反：不會只顧自己，而是跟對方建立起連結。感激的體驗能幫助我們重視關係甚於手上的工作，它會提醒我們從對方那裡獲得了什麼，加強我們跟對方的聯繫，如此感激便能產生發揮同理心的條件。只要願意審視自己所得到的，我們就會更願意「給予」和「寬容」，換言之，感激能將我們的注意力由「內」轉向「外」。

尋求感激其實就是要我們將關係視為目標，而非用於滿足自身需求。練習感激時，我們會培養出聯繫、受惠、相互依存的感覺，並明白我們都是互相聯繫的。不過，這不代表我們不會感到憤怒、傷痛或挫折。但要是我們著重於感激，這些情緒就不太可能會持續進一步發展成怨懟，也就比較不會讓我們陷入困境、產生憤怒或懷恨在心。

感激的「施與受」循環

只要深入瞭解感激的各種面向，就可以更關注在「自己得到了什麼」，而不是覺得「被別人奪走了什麼」。感激有四個要素：施者、受者、饋贈，以及「給予者和接受者對彼此的態度」[5]。感激會影響我們處理事情的態度，讓我們有意識且有意圖地尋找自己從他人身上得到的饋贈，即使是那些傷害了我們的人也一樣。

同時，這些要素也能將感激與經常伴隨感激而生的其他行為區別開來，例如：讚美、正面回饋、友好、禮貌、喝彩、正面認同。表達感激的方法或許有很多，但如果不是在意識到自己受人恩惠而想要給予的情況下表達，就不算是真正的感激行為。

根據我的研究顯示，比起接受他人的感激，更多人善於表達感激。或許是因為作為接受他人感激的那一方會覺得尷尬，尤其是在鮮少表達感激的環境中成長的人。或者，我們會認為自己的性格無法在受到別人感謝時表現得熱情洋溢；我們可能會因為感激所隱含的義務感而躲避，覺得現在換我們必須回應對方的感謝，或者至少得跟那位表示感激的人一樣流露出相同的情感。

當我們感到怨懟時，就不可能接受別人的感激，事實上，我們還可能會加以排斥。這可能會在對方心中埋下怨懟的種子，特別是他們想要藉由表達感激來打破僵局或建立聯繫的時候。同樣地，當接受我們感激的人拒絕我們，不然就是表現出懷疑、難為情或甚至受到冒犯，我們也會很容易就感到尷尬或失望。例如，那些頂尖運動員告訴過我，在向教練表達感激時，其中一個最大的挑戰是：他們不知道對方會有什麼反應——這會被當成為了能選上而拍馬屁，還是會被視為多此一舉，畢竟教練們只是在做自己的工作而已？根據描述，有些教練會嘲弄他們，或者譏笑他們表達感激的方式。這會使運動員卻步，不再感謝他們。**運動員無法順從自己的心意去表達油然而生的感受，教練則因為運動員的感激覺得既尷尬又難為情，於是雙方都開始產生了怨懟。**

我最近的一段經歷，正好突顯了接受者在施與受關係裡的重要性。在一場非常痛苦的帶狀疱疹發作幾個月後，我由於免疫功能低下而感染了蜂窩性組織炎。某天晚上我因為急性疼痛和噁心無法入睡，被緊急送到當地醫院的急診。那段期間最令人感動的是，有一位護理師過來問我：「還好嗎？要不要替妳泡一杯茶？」她的體貼、真誠關心的語氣和行為讓我哭了。我已經在那裡觀察了幾個小時，大部分的護理人員看起來都很疲累，其中包括她。出院之前，我真的很想感謝這位護理師。我在走出醫院時瞥見了她，感覺她認得我。我問櫃檯能不能親自去感謝她，或是有人可以代為傳達，得到的答案卻是「他們不會做那種事，這只是他們工作的一部分」。當下我不禁好奇那些護理人員錯失了多少由病患的誠摯感激所提供的養分，要是這個體制和他們都願意接受就好了。身為患者的我覺得自己很愚蠢可笑，因為我的無盡感激竟無處可去。我沒辦法完成這個循環，或許只能在未來某個時候將感激傳遞給某個需要「喝杯茶」的人，可是在這種情況下，感覺就不一樣了……。施與受的輪子無法轉動，可見構成我們人際關係背景的體制與文化，主宰了感激的要素能夠循環的程度。

正如同先前運動組織的例子，如果他們想要培養重視感激且不讓怨懟加劇的文化，就必須先教育所有人，讓他們都更能夠給予並接受感激，而最好的起點是觀察並學習真正善於接受感激的人。

事實上，這也是藉由感激提升同理心與同情心的關鍵。我們越能接受感激，就越能感受跟對方的深刻聯繫，也會更充分瞭解他們，讓他們覺得受到我們的重視。我們會停下來，注意到他們對這段關係表達的感謝之意，同時，這一點對於充滿怨懟的關係來說，特別重要。

※

在這一章中，我們探討了由期望破滅所引起的怨懟會如何摧毀感激，也看到了感激如何扮演要角，幫助我們重視關係甚於手上的工作或全心追求的目標，也幫助我們站在對方的立場著想，更加理解人們做出某些選擇的原因。在試圖處理一些較為糾結的關係時，可以先認清自己的怨懟是否源自破滅的期望，接著透過感激練習培養同情心和同理心，讓自己更善於給予和接受感激。

下一章，我們會進一步探究如何運用感激幫助自己認清怨懟，並討論另一個造成怨懟的根本原因：被迫感到自卑。

第四章

自卑感

人類有獲得認同的強烈渴望。

——南非作家　瑪格麗特・維瑟（Margaret Visser）

瑪德琳（Madeline）在一家大型通信機構的人力資源部門工作，而她輝煌的職業生涯正要進入尾聲。過去十年她一直擔任組長，主導機構所有分部的創新實務。她在職務上的經驗相當豐富，具有專家的資格，同時在許多單位和公司介紹過最新的溝通策略。她獲得了應有的尊重，也因為技巧與能力享譽業界。她曾經贏得獎項，發展訓練模組，並受邀參與多個委員會。

被迫退休

在漫長的職涯中，瑪德琳有幸能和重視合作的團隊共事，不過令她困惑的是最近一批新來的組長對她表現出某種疏遠行為，這些人都是由組織中新上任的總經理選出來的。雖然她說不上來，也沒人對她明確說過什麼，但有幾次事件讓她覺得某些組長，甚至包括總經理在內，對待她時都帶有鄙視的態度；隨著時間過去，情況越來越嚴重。

在這一切開始發生之前，瑪德琳才剛從國外一所頗具聲望的訓練機構回來，該處針對一種新型態的教練學提供了一套為期兩週的課程。這提升了她原本就已經相當強大的專業知識，因此她自然認為回來以後會受命在組織中主導推動這項新計畫，畢竟她已經替這項計畫打下了許多基礎。不過這個角色最後卻被分派給另一位組長，對方的經歷和知識都差瑪德琳很多。大家在每週會議討論計畫時，不但完全沒有諮詢過瑪德琳的意見，也不會請她提供在國外課程所學到的策略。她覺得被邊緣、被視而不見，於是開始產生一種前所未有的自卑感。

這讓瑪德琳變得有些偏執，畢竟根本沒人跟她說過她之所以遭受差別對待的原因。她注意到團隊裡的其他人都收到了相關資訊，可是她卻沒有；大家會在她未受邀參加的會議上討論重要事項。突然之間，原本她認為親近的同事似乎都在躲她，也不再找她一起吃午餐。她很想知道自己做錯了什麼。她一直回想過去幾個月發生的事，試圖釐清自己是否說過或做了什麼事而冒犯到經理或任何人。

瑪德琳終於開始拼湊起一些線索，慢慢明白原來是因為她快要退休了，所以新的總經理想要快點趕走她。看來其他組長都隸屬於新的體系，也認為自己能替組織帶來新的氣象，她不禁覺得大家已經不再需要她、不想要她出現，也一定認為她很礙眼。這種領悟帶來的衝擊和羞辱般的對待，讓瑪德琳感到非常憤怒和不滿，她再也無法清楚地思考，因此越來越覺得自己不夠好。

最後瑪德琳覺得自己在工作場所失去了價值與用處。她一直感到焦慮，胃裡也有種緊繃感。她害怕去上班，還陷入嚴重失眠，在夜裡翻來覆去，反芻思考著這一切有多麼不公平。更糟的是，她會責怪自己不夠堅強，無法克服這樣的屈辱感，而且沒料到自己會受到這麼大的衝擊。雖然瑪德琳曾經熬過各種難關，但這個情況還是對她造成極大的動搖。

被迫感到自卑

美國社會學教授華倫．坦豪頓曾說：「當一個人處於次等地位，受到不應當、不公平、侮辱或中傷性的對待，就會產生怨懟。[1]」

致使瑪德琳感到自卑的條件，在今日的許多工作場所中都很常見。事實上，二〇二一年世界衛生組織（World Health Organization）一份針對「年齡歧視」（ageism）的報告指出，全球每兩個人之中就有一人會出現這種心態。報告中也提到年齡歧視會如何降低老年人的生活品質，加深他們的社會孤立與社交孤獨，以及導致較差的生理與心理健康[2]。

職場上的年齡歧視很可能會讓我們覺得處處受阻，被排除在同事情誼之外，或者被刻意隱瞞重要事項。遇到新計畫、新任務或新制度時，如果我們的貢獻不再被視為必要，很可能就會被排擠在外；新的做法經常被視為屬於新進人員或年輕人的領域，大家通常也沒時間對沒受邀參與的人表現體貼或同情。帶領重組或新計畫的人往往過度重視任務和績效，因此未注意到自己的行為已經讓人覺得被看輕或幻滅，進而造成信任減少、猜疑增加、怨懟惡化。

我們對他人最常有的期望是：希望他們會公平公正地對待我們。在瑪德琳的例子中可以看到，未能受到公平對待或是被看不起的感覺，很可能會讓我們完全迷失自我，而這會嚴重破壞我們對自己的價值觀，衝擊我們的心靈深處。我們必須一次又一次審視情況，試圖找回自我和存在感，並且保持理智。**在我們向願意聆聽的人訴說這一切有多麼不公平時，怨懟就會變成我們找回力量與恢復尊嚴的方式**，或者，正如澳洲政治學者麥可．尤爾（Michael Ure）所述：「怨懟的動機是……修復受損的名譽或重建認同——尊重。[3]」

由這種自卑感所引發的怨懟的其他常見狀況包括：被別人開的玩笑灼傷，或者更糟的是因為他們的歧視而受傷；某位兄弟姊妹得到父母的偏心對待；遭到變心的另一半背叛；別人獲選而我們未被選中時，就像我們在上一章看到的例子。這種情況通常發生於公開場合，因此遭受羞辱的感覺會被放大，且似乎無法避免。

另外，在權力大於自己的人面前，我們也很容易感到自卑。或許對方並沒有利用這種權力讓我們感到自卑的意圖，但是他們脫口而出的話語或忽視我們的行為，都很可能會造成冒犯與傷害，這些都會再再加深我們的自卑感。

我們偶爾可以在孩子的怨懟中觀察到這種現象。父母通常很難在有意識的情況下處理好親子關係中自然產生的「權力不平衡」（power imbalance）。身為父母，我們會覺得自己有權決定孩子可以或不可以做什麼事。為此，有時候孩子只能透過憤怒的反應讓自己不感到那麼自卑，藉此覺得自己更有權力，也更有控制權。他們必須找到「權力感」或「自我價值感」，否則就會產生各種不滿、憤怒的怨懟。

雖然家長並非刻意奪走孩子的這些感受，但孩子往往會如此想。在孩子的世界中，許多事情都可能引起他們的自卑——同儕之間的霸凌、困擾於自己的身體意象（body image），或認為自己在學校是個失敗者，這些狀況會導致他們在整體上感到失控，並動搖他們的自我定位。

肯認

那麼，瑪德琳該如何處理自己的怨懟呢？事實上，雖然她在工作場合覺得被羞辱，但有個重要的地方還是能讓她感到救贖：瑪德琳仍在主持一項計畫，帶領著某地區的一群溝通引導者，而且每兩個星期會去跟他們見面一次。她在這裡會感覺自己仍有價值，在這裡她覺得受到尊敬與認同。很多溝通引導者都十分感謝她的貢獻，或者表示他們有多麼感激她所提供的見解。

然而，組長和總經理卻完全未察覺該計畫對這個地區分部的人員有多大助益，也不知道瑪德琳在這項富有生產力的改變中扮演了什麼角色。瑪德琳對此保密，覺得只要這麼做，她就能保護好一部分的尊嚴和自尊不被奪走。每當瑪德琳參與那場下午會議時，其中一位溝通引導者往往都會事先烤好一塊蛋糕，其他人則是忙著招呼她、替她泡茶，感謝她遠道而來陪伴他們。她沉浸在他們溫柔的感激之中，覺得自己受到支持，獲得成功與歡迎。他們為了聚在一起而放下其他工作，愉快地跟瑪德琳分享自己的想法，這一切都讓她深受感動。瑪德琳能夠保持理智，是因為這個團隊對她表示感激，認同她的價值和計畫的成功。這群人帶給她的安全感與信任感，跟總部的競爭批判氛圍以及她所感受到的鄙視相較之下，形成了鮮明卻痛苦的對比。

現今要在職場上獲得心理安全感確實越來越困難，而這會讓產生怨懟的環境更加惡化。如果沒有這種暫時緩解心情的機會，瑪德琳的自卑感一定會嚴重許多。這個團隊對她的認同與感激提供了她所需的韌性和自我認同感，讓她可以更客觀地審視自身情況，她也因此能選擇以不同的方式來應對。

這群溝通引導者並不知道他們讓瑪德琳得到了什麼，但我們可以透過法文中的感激一詞來探討：「肯認」（reconnaissance），這個字源於古法文中的 reconoistre，也就是「認同」的意思。**當我們藉由認同某人的重要性或優點並確認對方的價值來表達感激，就是在實行肯認**。這個觀念出自於瑪格麗特．維瑟的著作《感激的饋贈：感激的根源及其儀式》（直譯，*The Gift of Thanks: The Roots and Rituals of Gratitude*）。她觀察到所有的文化都有一個共通點：「人類有獲得認同的強烈渴望。[4]」

維瑟將這種得到認同的需求視為「對身分、關係與歸屬感的根本掙扎」[5]。倘若無法滿足這種需求，我們就無法成長茁壯，同時會嚴重威脅到我們的自我價值感——這是最基本的人類需求，所以當無法獲得時，自然就會感到衝擊與迷失。

瑪德琳顯然感受到了這群溝通引導者的肯認，但實際上這些人並沒有付出太多心力，也不需要時間、金錢或昂貴的計畫，只要透過他們的問候、他們表示的感激，以及他們對她的貢獻所展現的認同與重視，她就又能重新找回被另一群人剝奪的認同感、聯繫感和歸屬感。在缺乏感激而大受打擊的時候，瑪德琳更能體會到這種「肯認的力量」。

關於肯認，瑪格麗特．維瑟提出了一個非常重要的面向，那就是：**我們無法給予自己這種認同，肯認必須由他人給予**。無論瑪德琳如何嘗試從她的過去或豐功偉業中獲取價值感，都無法讓自己得到這種肯認，而這正是我們要對其他人表示感激的其中一個關鍵原因。不過，這裡又引起了另一個問題：如果獲得肯認是基本的人類需求，那麼給予肯認也是基本的人類需求嗎？如果不能滿足這種認同他人的需求，無法告訴對方我們重視他們，也不能向他們表示感激，我們就算失敗了嗎？這會不會減損我們的品性、我們的人性？我認為會。以日常怨懟為例，我們經常能在戀愛關係中觀察到這種現象，例如，我們可能會忽視另一半，因為分心於自己的事而未在對方回家時打招呼。久而久之，這段關係不僅會因為缺少彼此的肯認而陷入困境，連我們自己也會深受其害。

換句話說，當我們意識到對方的給予時，如果不採取行動，心裡就會有一種不完整感。我們的「不作為」會造成遺憾、隱約的罪惡感、懊悔，或者產生一種未完成某件事的感覺。當我們繁忙或專心在別的事物上，很容易就會忽視這些感受，但我們可能要為此付出一些代價。

如果仔細思考這一點，就可能會因為曾經錯失給予別人肯認的機會而感到不安。現在我們所能做的就是從此刻開始改變，例如，你可以想想在你們的團體中有誰過得不快樂，或是哪個人缺少強烈的歸屬感。你可以怎麼表達誠摯的感激，讓對方知道你重視他們？

如何面對霸凌者？

讀到這裡，你可能會想到自己絕對不可能考慮給予某些人肯認，其中最深刻的例子或許就是霸凌者。被霸凌時我們會感到自卑，可能這麼說還太輕描淡寫了，但這正是霸凌者的意圖。然而，在每個霸凌者背後都會有另一個霸凌者，而另一個霸凌者通常會有一段被奚落、虐待和受到創傷的故事。例如，二〇一六年一項針對霸凌的英國研究，調查了八千八百五十位應答者，結果顯示霸凌者很可能都在過去五年內親身經歷過壓力或創傷[6]。

研究也指出，「被霸凌者」接著去霸凌別人的機率高出了兩倍。所以，霸凌者會因為自卑、不公平的感覺和期望破滅而認為「自己有正當的理由去憤世嫉俗，仇恨一切」，而他們幾乎完全無法察覺到這種怨恨。**霸凌，是一種獲得優越感的方式，這樣他們才能感受到權力，並證明自己有身而為人的價值。**

當然，如果是我們被霸凌，要以肯認的角度看待這種情況似乎完全違背直覺和常理，也幾乎不可能考慮這麼做。但如果你知道有誰會霸凌別人，或許你可以試著透過這種角度來看待他們。如果霸凌者最渴望的是證明自己有身而為人的價值，那麼我們可以回想他們以前做過什麼值得感謝的事，如此能夠幫助他們減輕自卑感，或許你也會觀察到他們的霸凌行為因而減少。

當我們面對複雜問題時，有時候會想要尋找複雜的答案，而霸凌行為當然也包括其中。許多政策文件與資源都提供了指引，告訴我們用什麼方式應付霸凌最好。對此，我的問題是：我們有沒有因此忽略一個比較簡單卻又更為基本的方式，亦即藉由給予肯認來處理霸凌者的自卑感——也就是，認同他們生而為人的固有價值。

將這個概念更廣泛地延伸，我們可以將目標設定為建立「重視肯認」的職場和學校文化，進而減少讓怨懟札根的機會。我們要培養同理心、同情心、感激，並尊重規範，還要注意任何會對此造成危害的情況。我們要讓充滿怨懟的人更容易體會到獲得感激的感受。

有意義的感謝

那群溝通引導者的肯認讓瑪德琳十分感動，因為他們給予的方式對她有意義：蛋糕、茶，以及對她開車遠道而來所表達的感謝與認同。其他的表現如果不被瑪德琳視為感謝，就不會讓她這麼感動了。在本書的前言中，我提到自己刻意選擇以書信的方式向母親表達感激。我之所以會這麼做，是因為在我最早的記憶中，每當我們搬家到另一個州，她都會寫信向朋友和家人傾吐心事。我也記得只要聽到郵差送信件時吹起的尖銳哨音，她就會開心地衝向信箱。我知道寫信能讓她感動，於是刻意選擇用這種方式觸動她的心。

一份饋贈如果經過有意識地選擇、帶有明確意圖，並對另一個人有意義，就越能被清楚解讀為感激的表示。深切感激是一種高度聯繫的行為，我們必須先建立起關係或連結，才能知道如何向對方表示真誠的感激。即使只是思考如何以有意義的方式向另一個人表達感激，也會讓我們在心裡和對方拉近距離。正如瑪格麗特．維瑟所言：「……

感激能使接受者將焦點從饋贈本身轉移到給予者身上……，這會讓接受者對另一個人『敞開』自己。」[7]

要以有意義的方式表達感激，最好先知道我們想要表達或接受感激的方式，可能會和對方偏好接受感激的方式截然不同。如果他們來自跟我們不同的文化，就必須更意識到這一點，同時性別與年齡差異也是很重要的因素。也就是說，一定要考量到對方的背景、興趣及價值觀，才能夠真正有意義地表示感激。

此外，如果不先努力瞭解對方，也很可能會在無意中埋下怨懟的種子。我們表達的感激或許會被解讀成不尊重或缺乏關心。例如，一位公司主管在年終時收到了幾瓶代表感激的白酒，但要是他對酒過敏或者根本不喝酒，可能就會覺得這是侮辱；某個患有糖尿病的員工如果收到一盒巧克力作為謝禮，內心也許會因此受到傷害。我們必須知道：「時機」與「當下的情況」會影響對方接受感激時的心態。尤其是在對方處於逆境時，如果某人過得很辛苦，我們當然不能期望對方以我們想要的方式接受感激，這時我們可能要深入思考，還能用什麼適當的方式給予肯認。

再者，同理心與感激之間的相互關係也相當重要。為了適切表示肯認，我們必須站在對方的立場，嘗試找出他們最喜歡的方式。起初這可能會跟我們所想要表達的感激完全不同。例如，另一半可能想要我們去接小孩或替他們煮頓飯，不然就是做點什麼讓他們有一些自己的時間。如果我們能刻意選擇對他們有意義且適當的時間、地點和饋贈，這種「體貼」也是在表達感激。

專注聆聽

當我們像瑪德琳一樣被迫感到自卑，內心可能會受到很大的衝擊：怎麼會這樣？他們竟敢如此？他們沒察覺到這有多麼不公平嗎？他們不瞭解我，不明白我要付出多少，也不知道我已經付出多少了嗎？再次強調，這種衝擊會讓怨恨和不滿在我們的心中根深蒂固，且難以克服。

為此，我們可以採取一些步驟來處理這種衝擊的感受。首先是找個信任的朋友談談，不過，在選擇傾訴的朋友時要謹慎考量，要想清楚自己談論怨恨的目的為何。當我們越能意識到自己如何做出這些選擇，在向對方訴說與處理痛苦時就越能保持客觀。我們也一定要保持好自己的操守，不讓討論淪為說壞話大會。

在此案例中，瑪德琳的第二個重大救贖來自一位她信賴的同事。莉亞（Leah）在這個計畫裡負責協助溝通引導者，不過她來自另一個州的部門。她們有時候會為了會議一起旅行。

瑪德琳會非常謹慎地選擇訴說痛苦的對象，她覺得自己可以完全相信莉亞。莉亞不會試圖給予忠告或解決問題，只會把所有注意力放在瑪德琳身上，這讓瑪德琳覺得自己得到了傾聽與重視。為了更加瞭解瑪德琳的情況，她幫助瑪德琳正視痛苦所造成的不安，這種方法減輕了瑪德琳被孤立的感覺。這麼做很重要，因為怨懟往往會在我們感到孤獨的時候不斷惡化。

瑪德琳越對莉亞敞開心胸，就越能看出她的怨懟幾乎滲透了生活的所有層面。她看得出這導致她對自己和人性失去了信心——她注意到自己的用詞變了，例如「糟透了」、「簡直無法理解」、「不公平到了極點」。她一向認為自己是個樂觀的人，結果心態竟然變得這麼負面，真是令她既震驚又沮喪。

莉亞以深刻的方式向瑪德琳表達感激，給予肯認——也就是全力支持瑪德琳，全神貫注傾聽。如果你有過這種經驗，也就是有個人全心陪伴你支持你，且不會批評你，完全值得信賴，你就會知道這是多麼棒的「禮物」，有多麼令人安心。

專注聆聽的重點在於我們可以給予什麼，而不是我們能從這次互動中得到什麼。這需要專心於當下，真正陪伴在對方身邊。為了另一個人拋開自我，放下我們的自尊與重要事務，這是一件最有意義的事。我們要保持謙遜與同理心，而感激在培養這種技巧時扮演著重要角色。

如果在傾聽時心懷感激，將此當成瞭解對方內心的機會，就會覺得自己跟對方更有連結，也比較不會被自己的想法分心。對瑪德琳來說，最重要的是她藉此開始解開自己的心結，並在經過許久之後終於有了進展。

感激的表率

「給予肯認」是一種只有少數人才精通的藝術形式。當我請研討會的參與者思考有誰在這方面做得很好時，多數人都只能提出一、兩個對象，而他們列出的特質包括：值得信賴、慷慨、不離不棄、盡心盡力、心胸寬大、客觀、激勵人心，且多半同時也是非常棒的傾聽者。

幾乎所有偉大的領導者都會發展出這些特質。當一位領導者以適切的方式給予肯認，其所造成的效果會在時間與空間裡迴響。那種迴音既響亮又長久，而且不只會影響個人，也會影響一切有關聯的人；它會在記憶中停留很久，同時能強而有力地產生或恢復善意。這種領導者會一直密切注意提不起勁的同事，嘗試用有意義的方式對他們表示感激。他們知道自己能這麼做是因為他們的角色，也知道他們的地位能夠讓這種肯認具有強大效果。

要讓自己更善於以肯認的形式表現感激，最有效的方式之一就是找到擅長這麼做的人，然後學習他們所展現的特質與技巧。我非常幸運，在很小的時候就能夠向這樣的人學習——我母親的老闆辛奇克利夫（Hinchcliffe）船長。母親當時在當地的船屋擔任祕書，她中午過後都會到小學接我們五個孩子下課，然後帶我們回她工作的地方度過整個下午。我一直記得母親在星期五的下午時所散發出的愉快氣息，不只是因為那一週要結束了，而是因為辛奇克利夫船長——一位退役的英國海軍上校，同時也是一位細心的紳士——他會親自發放週薪給所有員工，這時我親眼看到母親的神態完全改變。那就像一場安靜的儀式：她站起來，接著他把乾淨的褐色信封交給她，同時他會利用這個機會，真心說出他感激她在那一個星期裡為他所做的事，母親則會笑得合不攏嘴。在我看來，辛奇克利夫船長是給予肯認的大師。

後來好幾年，我經常聽到母親興高采烈講述辛奇克利夫船長對她的影響，顯然他也是「駕馭」人際關係的能手。正因為他有給予肯認的能力，所以才能在必要時跟母親、其他員工和客戶進行嚴肅的對話。船長是絕對不可能容許任何霸凌發生的，他也跟以前一些很難應付、挑剔的顧客開啟了新局面，因為他會給他們時間，在乎他們是否快樂。在他身邊，每個人都能覺得自己很重要，也覺得他願意為他們付出時間。他能夠給予所有人肯認，且毫無偏袒。當我們在生活中碰到這種故事，就會比較懂得設立標準，知道該如何與他人相處。

培養耐心

希望目前所獲得的觀點能幫助你明白自己為何產生了怨懟，接著，幫助你開始處理生命中一些艱難的關係，雖然有些時候你或許仍會覺得還有好長的路要走。例如，你本來打算對某個特定的人給予更多肯認，卻發現光是在早上向對方打招呼就夠困難了，要再進一步跟他們對話、建立聯繫似乎超出了能力範圍，從而可能導致讓你覺得整體的情況既緩慢又吃力。

不過，偉大的巴西小說家、《牧羊少年奇幻之旅》的作者保羅．科爾賀（Paulo Coelho）曾寫道：「……那條路上最困難的兩道試驗，是等待適當時機的耐心，以及不對所遭遇之事感到失望的勇氣。[8]」換言之，**別太在意自己的進度或得到了什麼成果。**

※

正如第一章所討論到的，這種時候我們可以回想自己「為什麼」要尋求感激。你會想要心懷感激，或許是因為它能幫助你覺得跟其他人更有聯繫、讓你想起美好、幫助你保持平靜，或者改善你的狀態。而在第二章的探討後之後，你現在可能會覺得更有動力去練習感激，這樣你就能更加認清自己的怨懟，不被它占據心靈。讀完了第三章，也許你會受到激勵來練習感激以培養同情心與同理心，這樣就能好好處理破滅的期望。而在閱讀本章完之後，你的「為什麼」則可能是想要藉由敞開心胸接受或給予肯認，讓自己更能處之泰然的面對自卑感。

誠如前述，就算擁有強烈的動機，怨懟還是可能會讓我們感到無能為力，進而無法選擇感激，這也正是為何當艱難關係似乎停滯不前時，我們必須對自己有耐心。下一章要探討如何透過選擇「感激的內在態度」來強化感激練習。

第五章

選擇感激的內在態度

每當你與人發生衝突之後，這段關係會破壞或加深都取決於一個因素，那就是「態度」。

——美國心理學之父　威廉・詹姆斯

怨懟會把我們困在無力感的圈子裡，感激卻會提醒我們能選擇不同的視角和不同的存在方式，不過這通常要在我們更加意識到自己所採取的觀點究竟為何之後，方能做到。我們已經花了一些時間認清怨懟及其根本的原因，也思考過它對我們和身邊人們的影響，現在我們可以繼續來探討感激所提供的選擇。透過「感激或怨懟」的視角看待關係時，會更能看出「自己的選擇」如何使關係成長茁壯或加劇惡化。

然而，一旦瞭解怨懟的發展模式——即因為自己情緒狀態而出現責怪別人的傾向時，就會發現怨懟經常讓自己以為「沒有選擇的餘地」，進而對自己的無力感到憤怒與挫敗。我們會對於造成痛苦的真正原因忿忿不平，也會對於怨懟所帶來的感受與傷害覺得憤慨。這種現象在容易引發長期怨懟的情況下特別常見，例如，手足之爭或是跟前任伴侶難以相處。正如在第二章探討關的例子，要接受「我們能夠選擇如何面對別人造成的痛苦」，那種感覺就像是放過對方、不去在意自己承受了多少痛苦。

選擇的甜美

當你覺得自己毫無選擇時，可以參考維克多・弗蘭克（Viktor Frankl）所展現的非凡智慧，他是來自奧地利的精神病學家，也是第二次世界大戰納粹集中營的倖存者，他在那裡失去了妻子、父母與兄長。在維克多・弗蘭克的著作《活出意義來》（*Man's Search for Meaning*）中，他詳細敘述了他在集中營的可怕經歷，並探討了兩種人的差異：有人的精神被苦難擊垮，有人則堅持「**人類最後的自由——在任何境遇中都選擇自己的態度，選擇自己的生存方式**」[1]。

在說明「選擇自己的態度」時，弗蘭克訴諸一項普遍的真理：在我們所能想像的最恐怖的情境中，人類最重要的一項本質——「能夠選擇如何看待影響生命的大事」，這點會被展現出來，而將這份智慧應用到怨懟與感激的選擇上，就能審視自己過去的反應，進而接受「我們有做出其他選擇的自由」。當然，許多心態都會剝奪我們看見這種選擇的能力，其中怨懟的影響最大。

面對痛苦的情況時，無論其性質或原因為何，我們都能夠「選擇」如何應對。然而要接受這種觀念可能會非常困難，尤其是我們深陷其中的時候。的確，一位遭受家暴的女性不會選擇用感激的方式作為回應吧？我們能要求罹患不治之症的人選擇感激嗎？生命中有些事件彷彿會剝奪我們在這方面的選擇。正如前述，沒錯，我完全同意在某些情況下，這種選擇似乎根本不可能做到。

然而，與其認為「我們能夠選擇自己的反應」的論點有瑕疵，我倒覺得這些情況提醒了我們：要在「能夠」選擇時做出選擇。也就是說，在這種時候我們應該思考——**如果有幸處於「能夠」選擇如何應對的情境，我們就應該好好把握機會；至少，這是我們做得到的事情。**

發現選擇

不久之前，我劇烈頭痛了好幾個月，這段慘痛的經歷正巧提醒了我，要做到方才建議的事有多麼困難。先前提過，我經歷一場非常嚴重的帶狀皰疹，引發了病毒感染，進而造成神經系統遭到攻擊。我這輩子大部分時間都很幸運，能夠擁有健康的身體和充沛的精力，因此得到這種會使人衰弱的疾病，實在令我大受打擊。

強效止痛藥只能提供暫時的緩解，幾週的失眠拉長到幾個月，我的身體狀況也變得很差。我的免疫系統壞了，我的精力所剩無幾，感覺連最簡單的事都做不到。我不得不取消預定好的演講行程、推掉主題演說的邀請、把我帶的博士班學生轉給其他人，並離開我熱愛的工作。當我坐在電腦前，頭部刺痛的狀況最為嚴重，這讓我無法使用任何的電子設備。我找不到事情分心，也無處可躲，只得和疼痛共處。我多年以來練習感激的那些經驗似乎全都消失了。雖然我認為自己很瞭解感激在困境中所扮演的角色，也講解過這個特定主題很多次，可是要我在親身經歷強烈痛苦的時候尋求感激，老實說我根本辦不到。

「深受帶狀皰疹折磨而無法找到感激理由」的這件事，讓我明白感激需要一定的心理力量，而當我們處於強烈或慢性的身體或精神疼痛時，這種力量就會被大幅削弱。對於一向相信精神勝於物質的我來說，這真的是相當寶貴的一堂課。我也該踏上新的旅程，思考在身體如此虛弱且感到十分痛苦的時候，如何讓自己心懷感激？這段經驗能夠教會我什麼？

我學到的是，雖然我們大多數人都可以在某些情況下輕易地選擇感激，但這並不能應用到所有的生活經驗上，而且也沒有所謂「精通感激」這種事。對我而言，感激不是與生俱來的。**對於感激，我們必須時時警惕，也要小心培養；最重要的一點，感激是一種實踐，而不是終點。**根據我的經驗，每當我自覺徹底瞭解了感激的某個面向時，就會有其他事情出現，從而讓我知道自己還有很長的路要走——我們永遠都可以持續加強自己的感激能力。即使我們能找到方法克服身體的疼痛，還是很難在感到怨懟時抱持感激。當我回想生命中遭到背叛的經驗，以及無法獲得母親關愛的痛苦時，那種情感傷痛對「自我感覺」（sense of self）所造成的痛苦與傷害，遠大於帶狀皰疹的疼痛，同時持續得更久。

在那段痊癒的過程中，我深刻領悟到另一件事。被診斷出感染了帶狀皰疹的五個月後，我去找了一位自然療法醫師。由於許多人都推薦他，所以我遠道前去拜訪。在花了整整一個小時瞭解身體症狀及可能的療法後，他告訴我，如果我不去處理最根本的原因，那麼無論任何療法都不會有多大的效果。令我震驚的是，他接著告訴我，在處理帶狀皰疹患者長達二十年的經驗中，他發現大家都有一個特徵：病患會把自己視為某種受害者，因此對特定的人物或情況感到相當忿忿不平。他可不知道我現在正要寫一本關於怨懟的書呢！

這位自然療法醫師建議我接下來可以怎麼做。他鼓勵我找出自己選擇用怨懟來面對的情況（沒錯，他用的是「選擇」這個詞），然後下定決心好好處理。他給我的功課是：思考自己為何選擇怨懟而非感激。於是，我決定在接下來的幾天安靜自省。後來我慢慢發現，自己之所以會有怨懟，是因為在婚姻早期發生的某件事讓我對先生懷恨了許多年。雖然我告訴自己已經原諒他也放下了，但這時我才知道光是原諒並不夠。我先生是個很棒的人，一起生活的日子裡，我在許多方面都非常感激他，可是現在我明白這種感激有時候只是「被迫產生」或「淪於表面」。**我發現只要對他的怨恨被觸發，我很容易就會忘了感激。**

在挖掘這股怨懟的過程中，我越來越意識到這是我所做的選擇，但實際上，其實我可以選擇感激。於是接下來幾天，我以先生為目標寫下了感激練習的內容，然後試著體現到生活中，證實我能夠做出這樣的選擇。沒想到於此同時，我的帶狀皰疹情況神奇地產生了改變，我已經好幾個月沒這麼有活力了。那位醫師的「處方」不只是提醒我練習感激，也提醒了我自己能夠「選擇」如何面對這種情況。

選擇我們的內在態度

在瞭解了這一切後，要如何超越想法和情感，將「選擇感激」內化成自己的一部分？第二章探討過怨懟會迫使我們反芻思考，以致無論我們再怎麼努力讓自己感激，最終幾乎還是怨懟獲勝，並成為一種尋求公平的情緒。對方的行為所造成的衝擊會讓怨懟在我們心中根深蒂固，因此我們必須探索內心的更深處，找到更容易也更有效「選擇感激」的方式。

維克多．弗蘭克送給我們的禮物，是讓我們知道無論外在環境發生了什麼，我們心中都會有讓感激得以存在的區域，他把這當成我們的「態度」（attitude）；我建議可以稱之為**「內在態度」**（inner attitude）——**在我們本質或性格深處的自我，以及我們在這個世界自我定位時所採取的整體觀點或視角**。只要聚焦於此，就能跳脫或遠離反芻的想法與感受，同時採取更寬廣的視角看待一切。無論我們是否能意識到，內在態度始終存在於內心深處，同時會大幅影響我們的想法、情緒、行為和身體健康[2]。

感激和怨懟滲透於我們的人際關係甚深，因此藉由明確瞭解這兩種心態，就會看到選擇的力量有多麼強大。只要確認內在態度是怨懟或感激，就會產生「自主感」（sense of agency），也因此更能夠縱觀全局，積極選擇應對的方式。

事實上，當我們開始更深刻地認真考慮是否心懷感激時，就等於是在思索我們透過內心深處，亦即「內在態度」所做的選擇了。正如瑪格麗特．維瑟所言：「『感激』一詞代表了一個人態度改變的過程——這個過程是自由選擇的，因此難以透過定義或概括的解釋來說明。[3]」或許你就有過這種經驗：當你讀到或聽見「感激」這個詞，它會立刻激起你的思緒，強而有力地提醒你能夠選擇如何應對。值得再三強調的是，感激會讓我們意識到選擇的力量，而在幫助我們處理怨懟的過程中，這就是它所扮演的最重要角色。

手足之爭

但情況不會只有選擇感激的內在態度這麼簡單吧？這是雪莉（Shelley）提出的問題。她是我們為各校校長舉辦的讀書會成員，大家正在討論的書是我的著作《教育之中的感激：一種激進的觀點》（直譯，*Gratitude in Education: A Radical View*）。這群人早在讀書會開始之前就已經非常熟識，後來因為定期見面，又會一起分享在生活中實行感激的難處，所以建立起更緊密的連結。雪莉表示，她認為在長期懷有怨懟的關係中是不可能考慮感激的。她談到自己很擔心弟弟傑克（Jack）即將舉行的婚禮，因為她跟他一直處於一種「愛恨交織的關係」。雖然她熱愛傑克，也非常驕傲他有很大的成就，但家庭聚會總是會觸發她的痛苦。

雪莉是長女，弟弟小她兩歲。她不只必須面對弟弟得到所有關愛這種一般家庭常見的處境，還一輩子受到「傑克被偏袒」這件事的折磨。雪莉的弟弟與父母之間的相處平和、有自信，而且「非常正常」。雪莉則完全相反，她經常被父母和老師痛罵和處罰，因為她是個「野孩子」——反抗規定、很難長時間安靜下來做任何事。雖然雪莉十分有創造力，也有許多隱藏的天賦，可是卻很難融入學校並表現良好。更糟的是，有些時候老師會對她說，他們不敢相信她跟「才華洋溢又彬彬有禮」的弟弟來自同一個家庭。她現在已經是一位成功且受歡迎的校長，不過要走到這一步可是歷經了千辛萬苦。

讀書會的其他人都十分同情她，並坦言自己跟兄弟姊妹的關係也很複雜。如果我們思索日常怨懟的主要原因，會發現其實手足之爭就是一種會讓怨懟持續發展的情況。孩子本來就相信他們跟手足應該受到父母公平對待，所以當這些期望無法實現時，他們自然就會感到忿忿不平。接下來，某位手足獲得的偏袒就會讓較不受到偏愛的人感到自卑。現在已經有很多資源可以幫助家裡迎來新成員的父母注意到這一點，畢竟出生順序可能會大幅影響我們對自己是否受到平等待遇的感知。

當然，這是自古以來全世界所有年齡層的人都會遇到的問題。《聖經》（例如，該隱與亞伯）、神話、寓言、文學、戲劇、電影和電視節目都曾講述過因手足之爭所引起的怨懟故事。一項研究顯示，在十八至六十五歲的成人中，有超過三分之一的受訪對象跟手足陷入了敵對或冷淡關係[4]。也就是說，如果你對父母或兄弟姊妹有很多「正當」的怨懟，因此覺得根本不可能考慮感激，其實你並不孤單！

不過此處我想再次強調，我並不是以治療師的身分來討論這件事，也坦言我們可能需要專業人士協助才能著手解開這部分的心結。我在這一章想做的是「探索感激的角色」，說明它能幫助我們看見自己確實擁有什麼，也就是——選擇如何面對痛苦的情況。

雪莉向我們的讀書會尋求指引，想知道如何透過感激來看待她的情況。她真的很難接受「自己能夠選擇不同反應」的這種觀念，因為打從出生以來，她只要在弟弟身邊就會覺得自己微不足道。

調整心態，做好準備

我將討論方向引導到在前一次讀書會聽到的成功故事——包括她在內的校長們，大家練習了一種我稱之為感激的「準備心態」（a state of preparedness）的方法[5]。在這項練習中，我們會於一天開始「之前」，或是在參加活動、即將跟某人互動「之前」，先集中注意力準備自己的內在態度，讓自己朝著感激的方向去，例如，我們可以在浴室、花園或上班的途中這麼做。

我們先針對正要發生的情況設定感激的調性或氛圍，包括我們的內心與外在。**或許我們無法對逆境心懷感激，但藉由刻意關注我們「能夠」感激的事物，讓自己持續意識到它們的存在，就可以形成感激的內在態度，進而應用到我們即將面對的困難情境。**換言之，「準備心態」會讓我們專注於作為的「當下」（亦即內在態度），使我們因此能有更多自由去「選擇」如何面對。

後來雪莉想起了自己曾經運用過「準備心態」。最近她被任命到一所風格跟之前截然不同的學校，那裡的教職員工和學校社群間充滿了深刻的怨懟。轉換心境後，她開始每天對眼前的事物心懷感激，讓自己充滿感激之情——感謝自己的小孩、從丈夫身上得到的愛與支持、家中花園裡漂亮的玫瑰花，以及在上班途中見到的自然美景。很快地，她找回了感激的內在態度，每天早上也能帶著這樣的心情前往學校上班。

雖然雪莉無法改變那所學校的狀況，但她可以將注意力放在內在態度上，培養感激的準備心態，藉此改變自己的看法。當她選擇透過感激來面對學校的情況時，思緒也隨之變得清晰，因此能夠更輕易地解決問題。她發現自己和其他人的互動改善了，而且覺得內心比較平靜，不會有那麼大的壓力。她可以更真誠地與人對話或談論其他人的事，因此更能扮演好自己的角色，此外，她一整天也變得更有活力。

儘管練習產生了這麼棒的經驗，雪莉卻從未想過運用「準備心態」來處理她和弟弟傑克的情況，似乎這樣的「準備心態」只和她的職業角色有關，與她的私人關係毫無關係。所幸，最後她跟讀書會成員一致認為這是再次應用「準備心態」的絕佳機會。

選擇如何面對困難關係

「準備心態」最大的一項好處，就是可以創造互動的條件，讓自己在互動時更能保持覺察與警剔，從而避免心生怨懟。碰到困難的人際關係時，這會讓我們在面對即將發生的互動時有明確的目標，幫助我們找到想要的方向。正如第一章所探討的，我們是在有意識地「放大美好」。然而，我們也必須承認，自己的怨懟是存在的，必須從內在態度的層面認清怨懟，這樣才能確立自己的選擇。

在向讀書會的成員們提起這件事之前，雪莉其實不太清楚她對弟弟的感覺。現在她認清這種情緒之後，就覺得有能力可以做點什麼了。她發現自己的怨懟源於期望破滅與自卑感，而這幫助她理解了先前在家庭聚會所受到的影響：一見到父母用關愛的眼神望向弟弟，她就會胃部緊縮並咬緊牙齒；她在聚會的前幾天晚上都會失眠；她試圖壓抑痛苦，因此在很多全家福照片裡都笑得很不真誠。

於是，弟弟婚禮的前兩週起，雪莉就開始練習「準備心態」——她會花時間在傍晚散步，準備好自己的內在態度。由於她很難想到自己對即將到來的事件有什麼感激之處，所以一開始先著重在手足之爭讓她成為了校長這件事。例如，這讓她能夠對其他發生類似情況的人有同理心，也幫助她變得更有韌性。雪莉經過幾天的思考，讓自己對學到的經驗產生感激後，她接下來就能回想與弟弟以及父母一起度過的快樂時光，並感謝自己從他們那裡得到的一切。她也對弟弟未來的妻子練習了準備心態，因為她不知為何一直不太喜歡對方。不過現在，雪莉可以看到傑克未婚妻的更多優點，感激她讓傑克這麼開心。

婚禮過後幾個星期，當來到下一次的讀書會時，雪莉等不及跟大家說她有多麼感激他們的建議，她沒想到當天會過得如此順利。雪莉告訴我們，內在的感激態度讓她覺得平靜且踏實，所以她並不害怕，也沒對自己以為會發生的事感到焦慮。雖然在婚禮上仍有一些緊繃的時刻，不過大致來說，她跟每個人的交流都很融洽；她甚至還給我們看了一張全家福照片，裡頭的她看起來真的很快樂。

由於這次的情況相當艱難，因此雪莉說她真的很感謝讀書會成員的支持——他們幫助她變得堅強負責，能夠堅持自己的新選擇，為婚禮做好心態上的準備。根據我的經驗，只要我們真心想保持這種意念，身邊就會有人願意幫忙或親身示範。的確，我們確實應該多加利用他們的智慧與協助，在有需要的時候適時尋求支援。

必須先「改變自己」才能改變現況

雪莉慢慢領悟到自己有一個明確的選擇：看是要讓婚禮的焦慮和持續手足之爭所

產生的怨懟傷害自己，或者選擇另一種方式。對她而言，她是在知道自己「可以選擇」的那一刻才恍然大悟，這讓她能夠集中精神，更客觀地審視情況。此外，雪莉還有別的心得，她興奮地告訴我們，從婚禮的準備階段到婚禮當天，家裡的每一個人都格外熱情，包括對待她的時候也是。在讀書會的許多次討論中，大家都曾提到他們選擇的內在態度似乎會直接影響身邊的人。例如，很多人都經歷過，在面對難以相處的教職員時，他們只要改變內在態度，跟對方的溝通就會變得更順利。當我們取得先機，準備好感激的心態，其他人似乎就能在跟我們互動之前感受到。**無論我們察覺與否，內在態度產生的共鳴都會影響到周遭身邊的人。**

不過，如同先前所討論的，我們無法控制別人或其想法，同時我們也不應該這麼做。我們可以選擇改變，但絕對不能期望別人也會因此改變——有時會、有時不會，這要看他們自己的選擇。

由於讀書會的參與者是校長，所以他們的內在態度會為整個學校的氛圍定調；他們能夠「以感激帶領」大家——注意他們想要產生正向改變的地方，並以此反映出自己的內在態度需要改變之處。當我們做出適當的改變，其他人通常會跟著改變，但這種情況不一定會立刻發生，或是照我們設想的方向走。不過，只要我們先表現出感激的內在態度，身邊的人往往也會變得更加心存感激[6, 7, 8]。

當你具有領導者的身分時，例如：家長、執行長、足球教練、店經理或教師，如果你知道自己的內在態度很可能會影響被領導者的內在態度，這就會形成你「為什麼」想要從怨懟走向感激的強烈動機。

為了加強自己以感激帶領他人的能力，我們可以提前想像隔天的場景，找出一個我們怨懟的人或是某個怨懟我們的人。接著，想像自己以感激的內在態度面對情況，並思考我們能夠感激對方什麼，也就是——我們從他們身上獲得了什麼。

感激過去的選擇

如前所述，我們探討了如何練習用「準備心態」來面對當下和未來的困難處境，但當我們開始覺得有能力做出不同的選擇後，有時卻又會對自己長久放不下怨懟而感到罪惡或羞愧。

雖然我們無法改變過去所做的選擇，但我們可以改變對這些選擇的看法，而感激在此扮演了重要的角色。我們可以回顧過去的痛苦，感激自己從中學到的一切；我們可以透過感激的內在態度來看待它，因而對自己更加寬容，就像雪莉在跟傑克的相處中找到了值得感激之處。最後這讓她變成一位成功的校長，也因為會替教職員和學生爭取公平待遇而獲得了良好的名聲。

怨懟的其中一項矛盾是：「雖然要盡可能擺脫它，卻也能感激它教會我們的一切」。這就是感激與怨懟的一個重要特質——我們可以感激自己的怨懟。事實上，**我們往往得感謝在怨懟中學到的一切，才有辦法真正療癒過去，進而考慮對那些讓自己受委屈的人心存感激**。當我們明白怨懟是日常互動的一部分，也是生而為人的條件時，才能夠接受它可以讓我們更瞭解自己以及自己與他人的關係。正如比利時裔美國哲學家艾蜜莉・羅蒂所言，怨懟的重要性在於：「作為一種跡象、一種徵兆，代表事情出錯了，需要接受與補救。[9]」深刻理解怨懟，能讓我們知道某件事出了差錯、超過了我們的底線，或者我們的期望在某方面未能滿足，更重要的是，**怨懟可以幫助我們更清楚地定義自己。**

當我們認清怨懟，等於同時獲得了一個機會，來藉此好好處理自身問題和困難的人際關係。如果不這麼做，也許就無法「擴展自我」或「培養自我性格」。或許我們會發現，怨懟能讓自己更有韌性，使我們對經歷類似情境的人發揮同理心。藉由認清自身的怨懟，我們更能察覺怨懟在其他人身上表現出的徵兆，從而幫助我們更有效地處理衝突。總的來說，只要可以認清自身的怨懟及其根本原因，我們就能夠更深入地瞭解自己與他人。

※

截至目前為止，我們在本書中探討了「深切感激」的概念，它具有高度聯繫性，包含了因為感謝而以衷心且有意圖的方式表達感激的行為。我們也發現感激必須以對自己真誠並對他人有意義的方式來表達。而在練習實踐感激時著重於內在態度，就是這個反思過程的重點。

在目前分享過的所有故事中，我們看到了「內在態度」會在哪些層面發揮作用。我們知道「內在態度」會如何影響行為，而行為又會如何加深感激的「內在態度」。我把這一切歸納為左頁的示意圖。

在下一章中，你會發現目前所學到關於怨懟的一切，都能幫助你瞭解什麼是「自我怨懟」。為了真實完整地表達真誠的感激，我們必須跳脫「自我怨懟」，從而邁向「自我感激」。

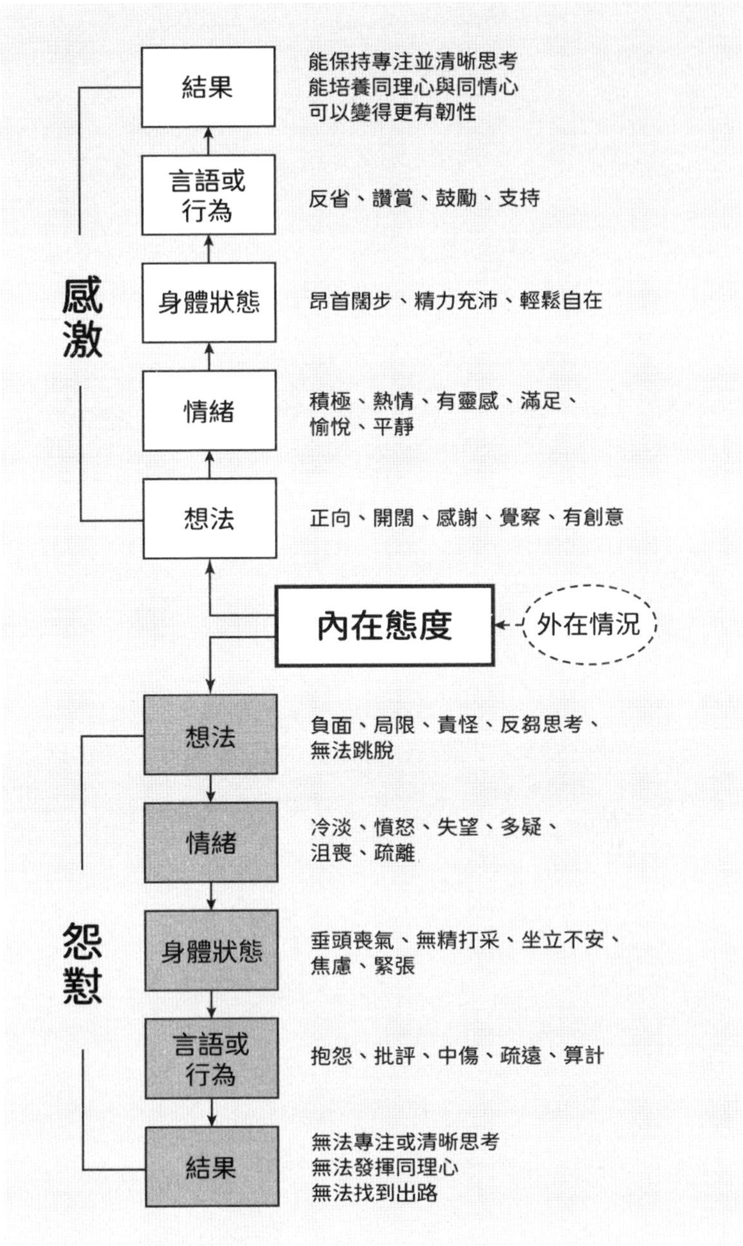
結果
能保持專注並清晰思考
能培養同理心與同情心
可以變得更有韌性
言語或行為
反省、讚賞、鼓勵、支持
感激
身體狀態
昂首闊步、精力充沛、輕鬆自在
情緒
積極、熱情、有靈感、滿足、愉悅、平靜
想法
正向、開闊、感謝、覺察、有創意
內在態度
外在情況
想法
負面、局限、責怪、反芻思考、無法跳脫
情緒
冷淡、憤怒、失望、多疑、沮喪、疏離
怨懟
身體狀態
垂頭喪氣、無精打采、坐立不安、焦慮、緊張
言語或行為
抱怨、批評、中傷、疏遠、算計
結果
無法專注或清晰思考
無法發揮同理心
無法找到出路

第六章

從「自我怨懟」到「自我感激」

至善者，善之敵。

——法國哲學家　伏爾泰（Voltaire）

安德魯（Andrew）的多數同事與學生都熱烈讚揚他是一位傑出的教師。他才畢業不到五年，就因為創新的教學法以及對此領域的貢獻而獲獎。可是，安德魯內心的感受跟其他人對他的看法，截然不同。無論聽到多少讚美，他的核心信念就是認為自己不配。他平日經常通宵工作，週末也都在加班，就是想要設計出完美的教案，或是寫下最具說服力和最詳盡的學生報告。然而即便如此，他始終覺得自己做得不夠好。

無法達到自身期望

安德魯經常感到壓力和焦慮，他常在晚上遭受心理折磨，一再回想自己對特定學生或同事「說過」或「沒說」的話，希望自己能做出不同的反應。他會不停在腦中重演當天的課程、思考許多學生的反應，並因為覺得犯了哪些錯而苛責自己。

事實上，安德魯的教學之路崎嶇難行。他很早就從學校中輟，對此一直很後悔，覺得辜負了自己和家人。他認為自己受的教育較少，所以低人一等。他覺得退學剝奪了他的機會，導致他無法像一些朋友那樣交到好女友。於是，安德魯開始執著於找回個人權力，克服對自己期望破滅的感受，並重新培養他認為自己真正具備的能力。他非常努力地回到學校完成學業，不過這個過程卻讓他覺得更丟臉，因為當時他已經是成人了。上大學之後，情況似乎好了些，可是他受到「冒牌者症候群」（imposter syndrome）所苦，一直無法相信自己的能力，並總覺得自己格格不入，還很擔心有人會發現他是個騙子。安德魯只想證明自己是一位很棒的學生，結果因此對自己產生了不切實際的期望，以致他會在功課上耗費太多心力，所以經常遲交。

安德魯之所以會選擇成為老師，是因為他渴望幫助像他一樣的學生——他想幫助那些未能大放異彩的學生，鼓勵他們無論如何都要繼續接受教育。然而，他還是會過度努力，覺得自己始終無法達到自己或他人的期望。就算再怎麼努力，他也擺脫不了當初決定輟學的羞愧感。

成為老師後，他還是繼續維持這些習慣。雖然他偶爾覺得自己能夠勝任和滿足於這個角色，但有時又會陷入偏執，認為其他人看得出他其實沒有大家說的那麼棒。他只在乎那些證明自己是失敗者的證據，看不見自己有當個好老師的資格——安德魯很擅長用各種方式讓自己感到自卑。

認清自我怨懟

如同我們先前所討論，怨懟經常會隱藏起來，其中「自我怨懟」往往更難以察覺。許多人的自我怨懟都源自於童年或青春期，並可能要花上很久的時間才會讓我們明白其實自己有另一種選擇。

自我怨懟會以各種方式出現：它會讓我們覺得很多事都是針對自己；它會破壞我

們的自愛、自尊和自信；這甚至會成為我們「人格面具」（persona）的一部分，使我們看輕自己，並且欽羨別人和他人的成就。**當我們無法達到自身期望，又去跟別人比較，所感受到的失望與自卑就會造成自我怨懟。**

我們先前探討過，怨懟本身會吸引更多的怨懟。同理，當你強烈認為自己不夠好或只會把事情搞砸時，自我怨懟的感覺也會跟著擴大。更甚者，如果藉由各種自我挫敗的方式來證實這種信念，我們就會成為自己最大的敵人。

許多來到我課堂的職前教師聽見安德魯自我怨懟的故事後，在某種程度上也產生了共鳴。他們經常跟自己過不去，只要不能在第一次把一切的事情都做好，就會感到莫大的壓力和焦慮。沒錯，有些人下課後看起來就像受到了精神創傷，因為他們認為別人試教的表現比自己更好。到學校實習時，他們會誤以為自己必須表現得跟指導老師一樣厲害，如果做不到，他們就會苛責自己。表面上看來，這種強烈的反應似乎來自嫉妒或競爭心，然而，只要稍微深入探究，就會發現這往往是因為他們把自己拿來跟期望相比，進而覺得自己從未達到標準。

當然，這種情況不是只會出現在剛入行業的新人身上。在我跟校長的讀書會上，以及在我跟頂尖運動員和教練的研討會中，因期望破滅所導致的自我怨懟也是經常討論的主題。以那些運動員來說，如果沒能贏得金牌或在比賽中有好表現，他們最感到失望的對象往往就是自己。他們會因為自我怨懟而難以成眠，並在內心不斷重播事件，怪罪自己選擇了負面的自我對話；他們會希望自己應該更認真訓練、不要錯過某場練習、早點睡覺、在比賽中過彎時更熟練一點。這樣的情形會持續好幾年，嚴重影響他們的生活，進而剝奪他們的快樂與滿足，同時更創造出一種自我怨懟的循環。

我們確實很有可能因為對自己失望而感到憤怒，如果想要克服失望的感覺，首先必須認清並接受它。

「自我怨懟」與「懊悔」的差異

認清自我怨懟的另一種方式，就是要把它跟懊悔區別開來。雖然懊悔非常痛苦，但有人會說它其實是件好事。倘若我們能反省自己所做過某些不適當的決定，就可以從錯誤中學到教訓，進而激勵自己在未來要做得更好；這是透過事後的理智回顧讓自己放下過去繼續前進——我們覺得自己可以變得更好。安德魯對他很早就中斷學業一事非常懊悔，然而，他放不下對自己的失望，也無法排除那些揮之不去的感受，因此懊悔就逐漸轉變成了自我怨懟。

懊悔能帶來智慧，自我怨懟卻會使我們不斷苛責自己，讓我們根本不知道這是個學習的機會。我們無法放下、感覺不得不承受後果，遂而讓它們成為我們的特質，一輩子都無法擺脫。對安德魯來說，自我怨懟已經開始影響他的人格了。

「選擇」和「負責」是區分懊悔與自我怨懟的要素。藉由懊悔，我們會覺得自己能夠為所做的選擇負責。至於自我怨懟，則會讓我們覺得沒有選擇的餘地，只能淹沒在對自我的失望之中。**此時感激就很重要了，它能讓我們在懊悔時做出更好的選擇，如此一來，懊悔就不會發展成自我怨懟。**發現自己犯錯時，對所學到的教訓心懷感激，不僅能看到更多好處，也會有繼續前進的動力。我們會感激自己學到如何成長與改變，因此當個更好的人，或是變得更有韌性。我們也可以感激自己做到了自我接納，而不是被自我怨懟的感覺所控制。

不完美的完美

安德魯在教育工作上來到了一種臨界點。他感到心力交瘁，身體也越來越差；他感到壓力與焦慮，忘記了原本想要幫助學生的那份渴望；他的熱情和動機大不如前，也開始覺得準備課程和報告是種提不起勁的工作。安德魯對教育和學生越來越不關心，而這加深了他對於失敗與自我怨懟的感受。他越來越討厭自己，開始請假，然後在電視前心不在焉地待上好幾個小時。他覺得自己越來越陌生，他的學生和同事也這麼覺得。

安德魯是個典型的案例，讓我們知道無法達到「完美的理想」時會變成什麼模樣——我們會放棄；我們的目標必須是完美的，要不就什麼都不是，當中毫無任何轉圜的餘地。努力追求完美經常也會導致拖延，因為我們很怕自己的成果不夠好，所以不去嘗試，而這正如伏爾泰所提醒的：「至善者，善之敵。」

完美主義往往是自我怨懟的主因。「完美」既遙不可及又不切實際，會使我們永遠無法滿意，進而會不斷地對自己失望。我們會和看起來比自己好的人做比較，以致於忘了自己是誰，也看不出自己其實已經做得夠好了。最糟的情況是，我們會把一切怪到別人身上，因為要審視自己的錯誤實在太痛苦了。如果我們只追求完美，就很難接受自己的缺點。

在處理自我怨懟的感激練習時，必須先釐清自己對於完美的認知。從許多方面來看，完美這種概念本身就有瑕疵。完美本來就無法達到，因為只要仔細思考，就會發現事情永遠有改善的空間。安德魯的例子讓我們看見，追求完美一定會帶來某種程度的不確定感或焦慮，它會讓我們固執地認為完美有明確的定義——它看起來是什麼樣子，而我們要做的就是實現它。一旦實現之後，就會認為沒有什麼好努力的，因此也會覺得不值得再學習任何新東西。

盡全力實現目標，同時接受不完美的完美，就能從中找到平衡，甚至對此感激。古老的日本哲學「侘寂」（wabi-sabi）就將這種概念詮釋得很美。在茶道中，最珍貴的茶碗往往具有不規則的釉彩、裂痕或形狀，是這些「不完美」為物品帶來了「美」。這種傳統意味著享受不完美，頌揚事物固有而非應有的樣貌。我們不必隱藏它們的缺陷或感到羞恥，而是要敞開心胸欣喜接受。

過度追求完美的平衡

雖然最後安德魯還是決定繼續從事教職，但像他這樣有才能的年輕教師還是大量流失，因為他們感到精疲力盡、孤立無援、未受重視、理想破滅。我相信其中一項最根本的原因，是他們不知道如何應付自己的完美主義以及隨之而來的自我怨懟。由於他們一直執著於自己的錯誤與失敗，因此可能體會不到別人對他們的感激，從而也就無法培養韌性與自我價值感。

現代人之所以容易產生自我怨懟的另一個來源，是我們期望在「工作」與「生活」間維持完美的平衡。我們可能會發現自己過度努力成為完美的配偶、父母、朋友、手足，或是擁有完美的體態。同時，我們又想兼顧一切，也要在工作上有完美的表現。如果我們不能在這些領域達到自己的期望（這是一定的），就會在所有事情上都感到自我怨懟。我們可能會一直處在失望和期望破滅的狀態中，覺得我們不符合自以為的完美而「失敗」了。接著，這些怨懟就會互相助長，就像安德魯認為自己在學習或教學上做得不好所產生強烈的自我怨懟。

遺憾的是，努力追求完美會嚴重損害我們的自我價值，同時，自我怨懟會導致自我厭惡。我們會一直覺得無法達成自己（以及社會）的一切期望，並在我們覺得比較好看或比較能幹的人面前感到自卑。我們會建立各種生活方式以達到「完美」，但這只會在我們無法做到時感到失望，並進一步加深自我怨懟的感受。

有些人可能認為解決之道是對自己沒有期望或降低期望，如此，就不會在無法實現時這麼苛責自己了。然而，正如我們在第三章所討論的，降低期望並不是擺脫怨懟的好方法，這只會讓自己流於平庸或拉低自身標準，甚至還可能會讓我們對自己更加失望。假如安魯德對自己身為教師一事沒有任何期望，他就不會受這麼多苦，可是他也就無法成為這麼棒的老師，大概也不會贏得有聲望的教師獎了。

比較正面的解決方式是在擁有高度期望時，發展「自我覺察」的能力，這樣就不會在無法實現期望時感到失望或怨恨自己。接受自己無法達到完美，並不表示要放棄想做到最好的期望，而是代表你對「最好」有更切合實際的期望，也能以比較健全的心態接受「不完美」。我們可以運用「侘寂」的智慧，來欣然接受自己的不完美。

當我們可以對錯誤一笑置之、毫無壓力或焦慮地跟他人討論失敗，並分享在過程中學到的教訓，就能夠開始好好整理自己與他人陷入的艱難關係。

邁向自我感激

我們已經探討過一些關於感激的本質，這些知識都可以運用在「自我感激」——

這一步相當重要。先前提到，比起感激自己，很多人都更善於向他人表示感激。不過若能夠自我感激，你就會對自己有同理心與同情心，另外，藉由敞開心胸接受自己所獲得而非給予的一切，也會得到滋養的力量。你能夠確實欣賞自己生而為人的內在價值，會付出時間認同自己的優點並心存感激，藉此放大你對自己的良好感受。自我感激讓我們能夠感謝自己認為的失敗或缺陷，教會我們欣然接受自己的不完美。這種感激會加強自我接納的能力，使我們以正面的方式來處理錯誤；不要懷疑，我們確實可以「選擇」這麼做。

把百分之百當成唯一的目標，會讓我們對做不到的事情產生自我怨懟，所以不如就從零開始，「感激」還有很多能夠去實現的事。如此，我們就可以停止追求完美，開心接受自己的微小成果，將其慢慢累積成巨大的動力。

在這個過程中，**必須注意自我對話的內容，尤其是我們為自己貼上的標籤**。例如，與其使用「完美主義者」的標籤，把自己當成擁有「完美想法」或許會更有幫助。如果自稱完美主義者，就暗示了這是我們的一部分，而這就像某種無法改變的人格障礙。

然而我見過許多案例，只要培養出自我覺察與相關能力，接受不完美的完美，他們就能夠改變想法、調整心態，用更溫和與更包容的方式善待自己。

許多感激練習都可以幫助我們加強自我感激，其中作用最大的是感謝日記。做法有很多種，對我來說最有效的方式是：就寢之前，我會寫下當天所感激的一切，以及想要改變自己個性中的哪個部分，或者，寫下如何回報我所感激的人。光是思考我們從他人和世界得到了什麼，就能讓我們更坦然面對生活中的一切。

為了培養自我感激，必須注意到自己的優點，哪怕只是為了讓感激能幫助我們度過難熬的日子。我們也可以寫下自己給了他人什麼，以及如何透過讚美或鼓勵自己的方式來回報自己；若帶有強烈的自我怨懟，就很難馬上找出自己有什麼值得感激之處。

安德魯從一位同事那裡聽說了感謝日記的做法，他決定一試。前幾週，他很容易就會苛責自己以前怎麼不多感激一點。他一開始也會懷疑自己的日記寫得夠不夠好，或是否有「完美地」練習感激。後來，**安德魯領悟到感激是一種練習，要隨著時間慢慢發展，而不是立刻就能做得對或習慣的事**之後，他便開始注意到一些小事——咖啡的滋味、為他泡咖啡的那個人露出的笑容、陽光、溫暖、美食。他也寫下了他感謝自己哪些地方：他在巨大逆境中達到的成就、他得到學生的喜愛、他的身體很健康。

經過幾週每天這樣寫下對自己的感激後，安德魯發現他的一些「無能感」開始減少了。他越來越常感受到快樂，更重要的是因為這樣的自己而快樂。他比較不會批評自己「沒做什麼事」或「沒做得很完美」，也比較能注意到自己「做到」和「做好」的事，甚至不會因為偶爾忘記或太累沒寫日記就責怪自己；他很感激自己改變了想法。

打開心扉接受感激

當安德魯充滿自我怨懟時，他會無視學生或同事向他表達的感激，心裡想著「你們根本不知道情況」或「我才沒那麼好」；他們給予的肯認再怎麼有意義、再怎麼真誠，都只會讓安德魯感覺更糟——他覺得自己不配。有時他也會懷疑他們那些話的真實性，認為他們是別有用意才會對他和善或讚美他；遺憾的是，那些表達感激卻遭到拒絕的人，以後也不太可能再對他表示謝意了，而安德魯確實發現自己越來越少獲得同儕的感謝。不過，安德魯學會感激自己之後，開始願意接受其他人所表達的感激了。他能停下來好好感受這種時刻，並在感謝日記中回報。他不再拒絕其他人給予的肯認，而是懂得如何真心向他們表示感謝——這又是另一個值得開心的理由。

差不多在這時候，安德魯收到了傑瑞德（Jared）的一封感謝信，那是他第一年教書時教過的一位學生。雖然他曾經收過這種信，但自我怨懟的感受讓他無法接受信裡的內容，因此很快就對它們置之不理。然而，正在練習自我感激的他，這次已經能夠用心去感受傑瑞德的讚美。

傑瑞德感謝安德魯為他所做的一切，也回憶起安德魯以前一些很棒的課程。他感謝安德魯在其他老師和身邊人們似乎對他失去希望時，仍注意到了他的能力與潛力。傑瑞德說，要是少了安德魯的關心與精彩教學，他自己絕對無法撐過見習期，得到夢寐以求的工作。

傑瑞德在此時給予的肯認，亦即「透過感激的認同」，再加上安德魯剛學會的接納

能力，使得安德魯的自我感激大幅增長；這是從「自我怨懟」轉向「自我感激」的重要轉捩點。在告訴我這個故事時，安德魯說傑瑞德的信是「我靈魂的希望之錨」。

安德魯現在比較不會焦慮，也懂得更真心地去體會一切。他比較能夠接受自己的所有缺點，比較不會妄加批評，他已經好幾年沒這麼平靜與快樂了。現在他越來越能對自己發揮同理心和同情心，也會用這種心態對待他人；他越來越能笑看自己的錯誤、懷著輕鬆的心情去上班，並再次發現了教學的樂趣。除此之外，安德魯更能夠感激他的學生，並在他們身上發現他以前完全看不見的特質。他重新找回了教學這項技藝中最關鍵的一個要素：面對學生時，他會感激自己從他們那裡所獲得的一切，而不是只著重於他們犯下的錯誤。

建立更穩固的界線

漸漸地，學會自我感激的安德魯知道，他必須跟許多人重新建立不同的關係。以前，由於他的自我價值低落，所以總是把他們的需求擺在自己之前。他經常迷失在他們的世界中，後來才終於明白，別人的需求或快樂並不會比他自己的需求或快樂更重要，這讓他能夠對於「自己想要受到什麼對待」而建立更明確的界線。

在最近一次感激研討會上對我提出異議的娜塔莉（Natalie），也因此學到了重要的一課。她問我「在受到惡劣對待的處境中嘗試感激是否會造成危險」，接著娜塔莉講述了過去一年裡她跟雇主的關係以及對方經常奚落她的情況。每當娜塔莉試圖找他談這件事，他都不屑一顧。為了保有工作，她已經長時間盡量忍受他的輕視行為。然而，最後她還是不得不離開。

娜塔莉坦承自己一聽到要心懷感激的建議就築起了防備。她懷疑在自己跟老闆發生的情況中這麼做是否合理。我的回答是：除非能夠自我感激，否則我們幾乎不可能在與他人的衝突中做出顧及自身操守與福祉的決定。也就是說，**有時候正是因為缺乏自我感激，才會讓對方一開始就擁有能夠影響我們的力量。**

我把我的想法告訴娜塔莉，說她離開工作這件事雖然很痛苦，卻是在用一種強而有力的方式向自己表達感激——此時她明白了感激的真正意義。娜塔莉知道如果她留下來，就會繼續受到傷害，也無法給予他人或自己什麼。娜塔莉看出了感激並不是要隨時感謝所有的人，例如她的老闆，重點是在我們能夠感激的時候去做。明白這一點之後，她就輕鬆許多了。**學會自我感激，我們就會開始愛自己，也就更能夠「主動」而非「被動」地處理我們的怨懟。**每當我們這麼做，就是在藉由捍衛自我並表明我們想要受到什麼樣的對待來「定義自己」。

有時候，我們必須先處理自己的信念和自卑感，而藉由穩固的界線不讓自己遭到霸凌、侮辱或嘲弄，就等於是在表達自我感激。我們經常聽到愛別人前要先愛自己這句話，同理可證，感激會幫助我們更加意識到自己的內在美、技能、天賦與成就，以及我們可以如何運用這些優點幫助他人與世界。

然而，我們也要保持警惕，絕不可以讓自我感激演變成自戀、優越感，或是利用重新找到的自我去奚落他人。倘若發生這種情況，自我感激就會失去一些本質，以致我們無法保持謙遜，也無法察覺我們與他人之間固有的聯繫。我們必須留意一個事實：

感激本來就牽涉了施者、受者、饋贈之間的關係。自我感激是認可我們所給予的一切，也是謙卑地承認自己能有今天是因為我們所獲得的一切。

娜塔莉明白，自從離開工作後，她更能意識到自我價值，因此對自我的感激也大幅增長。至於安德魯他找到了一群新朋友，這幫助他繼續建立更強而有力的界線，確定他想要受到自己和他人怎麼樣的對待——這一切都是因為感激。

自我探索

以前安德魯經常逃避，不肯花時間思考自己為什麼害怕看見不完美的事，然而在學會自我感激後，他採用了一種新的方法——「探索」模式。在探索模式中，我們會有意識且大膽地尋找不完美——顯示我們偏離航線的資料、我們在哪裡或許可以做得更好，然後主動重新調整方向。**我們可以把錯誤看成是一個場所，藉由那個地方更瞭解自己和他人。**我們會謙卑地接受自己並不完美，因而也就不會輕易批判自己與他人。

我們不會有焦慮和壓力，而是感受到輕鬆、活力、積極。

在練習這項探索的技巧時，我們會有意識地將自己導向能夠感激的人事物。我們不會自責、懊悔地執著於過去或害怕可能在未來犯錯，而是興奮地期待這些事物能讓我們學到什麼、如何幫助我們成長。我們會感激每天都是新的一天，每天都充滿了可能性與學習的機會。

在這種模式中，我們會留意自我怨懟，願意用自我感激來應對它。我們會著重於自己的優點，以及我們所給予和收受的一切，同時自我感激會給予我們信心。我們很清楚也能接納自身的局限，並在不過度努力的情況下力求做到最好，這有助我們找到愉悅與平衡，讓我們對自己與他人更加寬容。

※

本章探討了我們有多麼容易受到自我怨懟的控制，以及「自我怨懟」和「對他人怨懟」的起因都一樣：當我們對自己期望破滅、當我們自覺低人一等的時候，就會怨恨自己。這些原因在自我怨懟中會以不同的方式顯現，這是因為我們經常曲解了完美的概念。感激自己的影響力很強大，能改變我們對完美的看法並欣然接受自己的不完美。感激自己能讓我們在生活中追求適當的平衡——感謝自己擁有的一切，也感謝自己能夠達成的一切。

接受別人對自己表達的感激，同時確實地感受與相信，就能使我們更感激自己。這種現象從我們的想法、自我對話、身體狀態和人際關係中都能看得出來。我們會覺得更有連結、更具信心、更為包容、更加充實，更能充分欣賞自己的能力與技巧。同時，這會促使我們和他人以及周遭世界建立更緊密的聯繫，也能讓世界映照出我們的自我價值。

目前，我們已經探討過感激在處理我們「對他人」和「對自己」的怨懟時所扮演的角色為何。接下來，要深入瞭解感激如何幫助我們處理他人對我們的怨懟，而本章所討論的自我感激就是這當中最關鍵的第一步。

第七章

處理他人對我們的怨懟

任何事不是面對就能改變，但不面對就改變不了任何事。

——美國作家 詹姆斯・鮑德溫（James Baldwin）

如果你受到別人怨恨，一定知道這有多麼痛苦，以及若不回以相同的怨懟會有多麼的困難。你也知道要解決導致這場僵局的複雜因素有多麼不容易，其中通常牽涉了許多層面的誤解或痛苦——當你越深入，阻礙就越大。與此相對，處理自我怨懟往往比處理別人對我們的怨懟更簡單。

認清他人的怨懟

有些時候，我們很確定遭受了某人的怨懟，可是卻不知道為什麼，這會讓我們覺得一點也不公平。其他時候，某人可能就只是對我們發洩自己的怨懟，但其實原因跟我們一點關係也沒有。下一章會談到能在這種時候運用的感激練習，而本章要討論的，是當我們尷尬地發現自己要為破壞關係負起部分責任，並導致對方怨懟時該如何面對、處理。

心生怨懟的人往往認為造成怨懟的始作俑者應該先採取行動，因為他們覺得自己的感受很合理，而且他們覺得很受傷。然而，對方可能連問題出在哪裡都不知道。

當另一個人感到怨懟時，我們採取的反應可能會永遠改變這段關係，其中破壞力最大的反應就是「毫無反應」。在這種處境中怨懟會惡化，而另一個人很可能再也不會向我們提及這件事。不只如此，如果他們處於痛苦而我們沒有，那麼我們就很容易誤會對方，認為他們一直耿耿於懷實在很傻。如果我們這麼想，情況只會火上加油。

要處理這一切似乎太困難了，所以我們可能會覺得最好還是避開對方，希望時間一久事情就會解決。可是你大概已經知道這種策略不太可能會成功——怨懟如果不處理，通常就會惡化，另一個人對我們的拒絕與傷害也不一定會停止。這種停止溝通、將怨懟的人排除於生活或朋友圈外的策略，長期看來也行不通；就算雙方可能不會實際出現在彼此的生命中，但我們內心還是擺脫不了敵意與傷痛。為此，本書要探討不一樣的處理方式，讓我們透過心中的「為什麼」來修復這段關係。對我們和另一個人來說，這才是治標又治本的解決之道。

本章探討的所有感激練習可以應用於各種人際關係中。接下來的故事會告訴你，在一家很大的資訊科技公司擔任總經理的賽門（Simon），他是如何學會處理來自全體員工的大量怨懟。在這類情況中，領導者扮演了特別有力也格外重要的角色。組織的成敗取決於他們能否認清怨懟並以正面的方式處理，而這也會對工作人員的士氣和福祉產生深遠的影響。

發現我們的盲點

過去十年擔任總經理的賽門，向來知道自己的管理很嚴格，不過他在監督時沒有發生重大的不滿事件。大部分的職員看起來都相當快樂，至於客戶（他用來衡量成功的主要標準）也表示對公司的產品相當滿意。他知道某些員工之間會抱怨或說壞話，但認為那只是個性差異，是每個組織都會有的現象。他感覺得出有些職員不喜歡他，可是他明白好的管理者不一定會受到所有人喜愛——自從他去上了一門領導課程後，就把這句話當成座右銘了。賽門也知道組織裡有些單位的人員流動率很高，某些單位則是請病假的比例較高，不過他仍然認為這是員工自己選擇的生活方式，跟他的管理風格無關。

有一次執行長要他對員工做滿意度和信心度調查。起先他並不擔心，但結果出來時賽門卻大吃一驚。在跟領導風格相關的指標上（信心、尊重、信任、士氣），他幾乎都得到了最低分。他們的意見不只是發發牢騷或破口大罵，很多顯然都是來自根深蒂固的怨懟。大多數員工都說他們害怕來上班；很多人說工作場合害他們生病，或是如果他們有辦法就會離職。大約有四分之一的人表示自己一直遭到霸凌。

最令賽門受傷與震驚的，是他以為至少會有半數職員熱烈讚揚他的領導風格，畢竟他可是最近才同意替他們加薪，而且提供的工作條件甚至比他們要求的更棒。他也以為在他底下的中階主管很忠心，畢竟他們非常清楚總經理這個職位所要承受的壓力。他覺得自己遭到了背叛，因為從調查中某些回答的字句就能明顯看出那些中階主管非常不高興。這讓賽門懷疑他們跟自己互動時是不是都在騙人——表面上對他和善，卻在這場匿名的調查中把他批評得一無是處。

賽門的健康大幅惡化，出現了壓力與焦慮的症狀，還有背痛跟頭痛。他對職員和主管們的怨懟越來越深，當中也包括了執行長，因為他開始懷疑執行長刻意安排了這次調查，目的是要打擊並準備開除他。他的心情越來越難以平復，整個世界似乎開始瓦解，導致了偏執、羞愧以及日益惡化的自我懷疑。

後來他收到了一份開會通知，是執行長想要檢視調查的結果，並討論他打算採用什麼策略來解決情況。他一定得做點什麼，而且要快。於是賽門召開了一場特別會議，找來底下的八位主管，要大家從他們的角度解釋調查結果是怎麼回事。由於他前一晚沒睡好，以致這場會議也處理得不好——他「斥責」他們沒把自己和員工的不滿直接告訴他，還「指控」他們對他有所隱瞞。

賽門看不到自己的盲點，也無法針對自己行為舉止所造成的結果負起責任。他就只是怪罪別人把自己蒙在鼓裡，也怪罪他們寫出了那樣的調查結果——他把自己的痛苦與憤怒投射在他們身上。

賽門大肆抨擊時，多半的人都別開了眼神，不過有少數幾個突然開口，怯懦地說賽門一直很忙，心思也都放在產品與客戶上，他們覺得他其實不太在乎員工的情況。賽門非常憤怒，而為了捍衛自己的身分與職位，他反過來更加指責他們。雖然他說想要大家提供意見，可是當有人勇敢說出口時他卻拒絕聆聽。

見到執行長之後，他的怨恨和不滿變得更深，而且還給了執行長一份很長的清單，要證明他的中階主管團隊都很無能。他甚至建議應該要開除一些人，或裁掉某些職位。他憤怒地叫嚷到一半時，執行長卻要他停下來，請他先說明自己是如何造成這些結果的，接著執行長堅定地告訴他，接下來幾個月她要找一位個人輔導員來幫助他，結束之後會再跟他見一次面。其中最令賽門憤怒的是，她竟然說她想找的那位輔導員很擅長「感激策略」！

自我反思

雖然賽門反對找輔導員這件事，卻也明白為了解決這個狀況，他確實需要一些幫助。身體的病痛已經對他傳達了非常明顯的訊息，不過他還是拖延了。他推遲了跟指定輔導員麥可（Michael）的會面，而且好幾次都是臨時才通知，最後他們終於見到面，但賽門很快又陷入了煩亂與憤怒。

賽門本來希望麥可會直接給他一些簡單的策略，好讓他解決跟主管之間的問題，也至少要讓他們展現得更忠心。不過令他意外的是，麥可建議他開始把注意力從別人身上完全移開，別再試圖要他們有不一樣的表現。麥可反而要他把注意力完全放在自己身上，且不只如此，他還要賽門至少要維持一個月！

賽門很確定自己做出改變不需要那麼久的時間，更向麥可提出了挑戰。他說這樣並不會阻止職員繼續抱怨，更擔心執行長會認為他沒有為了解決問題而努力。

麥可鼓勵賽門仔細思考這個原則：**要改變情況，我必須先改變**。在接下來幾週的討論中，賽門逐漸明白了這是唯一的出路。雖然對賽門來說很困難，不過他們還是一起檢討了意見調查中的回應，區分出賽門必須改變的幾個領域。顯然賽門的行事作風讓員工懷有深刻的憤怒與失望，他們大部分的回應都可以歸納成一個詞：怨懟。

麥可問賽門，如果有一面鏡子可以反映出這個情況，那麼這面鏡子會如何反映出他這個人。他對員工的哪些地方感到怨懟？賽門必須明白，想要瞭解員工的怨懟，他得先處理自己的怨懟才行。

一開始，賽門說無論現在或過去，他對員工都沒有任何抱怨。不過他在說這些話時雙手卻緊握成拳頭，身體很緊繃，臉也漲紅了。對於自己在收到調查結果之後請了幾天病假的這個問題，賽門只好坦承健康問題和失眠狀況代表了他遭到背叛的感覺有多麼強烈。回想起調查結果剛出來的那幾週，他明白原來許多越來越嚴重的病況主要都是怨懟所造成的。

透過麥可得體卻深入的提問，賽門發現他自己在某些領域中會誹謗與中傷別人。最近他這麼做是為了減輕一些痛苦，想要跟他「認為」是朋友的人分擔一些壓力，獲得他們的共鳴。現在他才知道這只會更加破壞信任與同事情誼。賽門也承認這種事並不是第一次發生，他已經養成了一種習慣，就是會對令他失望的職員產生負面想法，然後把那些想法告訴其他人——尤其是週五晚上在酒吧的時候。

賽門承認他特別愛說執行長的閒話。她接受任命時，賽門因為上頭沒考慮讓他擔任這個職位而覺得被羞辱，甚至在內心深處覺得因為她是個女人就無法做好工作。他開始明白，原來他是自尊心受到了打擊，所以才一有機會就說她壞話——這就是賽門最需要在鏡中看到的自己。

那個時候的他並不知道，當我們透過盲目的誹謗與中傷來打擊一位領袖，也等於是在打擊整個組織。難怪他底下的員工都心懷怨懟。

遭到其他人怨懟的時候，為了知道鏡中會如何映照出自己，首先，我們得把注意力從自認為是他們造成的痛苦上移開，轉而關注我們對他們所造成的痛苦。如果不這樣做，我們就會用自己的怨懟來回應他們的怨懟，這只會導致更深的誤解與衝突。

建立感激

關於自己在組織的怨懟與抱怨文化中所扮演的角色，賽門慢慢意識到了許多殘酷的事實。但由於他失去了韌性，所以許多重點都看不出來。調查的結果讓他覺得很崩潰也很震驚，他很難再談論這件事了。甚至在發現盲點後，他的自我怨懟升高到了極點，感覺大受打擊又羞愧不已，這樣就更不可能解決跟員工之間的怨懟與不滿。

於是，麥可幫助賽門明白，他得先建立自己的「個人韌性」。為了這麼做，也為了找到繼續下去的謙遜與勇氣，他必須利用感激的強化能力。這一次，他又抗拒了。他覺得用感激來回應這種情況簡直是瘋了。他以為這表示麥可會要他走到哪裡都眉開眼笑，後來麥可才讓他知道，**感激要從一種非常私人的內部過程開始，不必讓任何人知道；他也讓賽門明白，有些研究顯示感激能在艱難時刻建立起個人韌性**[1]。

顯然賽門必須一步一步地慢慢進入這個感激的過程。不過他很難在工作場合中找到值得感激的事，所以麥可鼓勵他可以先從工作場合之外開始。於是，賽門決定將感激放在他可愛的孫子、他漂亮的花園、他舒適的家，以及住家周圍寧靜的街區；他會在一天的尾聲列出五件事，藉此培養自己的感激。為了加強賽門的自我感激，麥可引導他寫下對自己感激的事：他有改變的勇氣，而且就算知道會感受到深深的敵意，他還是每天都去上班；他能運用許多技巧幫助客戶；他對孩子與孫子的慷慨大方。

儘管一開始很懷疑，但賽門意外地發現感激的確改變了某些情況——他在工作時越來越能夠樂觀看待而非痛苦以對，他的狀況真的開始改善了。每天早晨要去上班時，他都能比較平靜地面對，同時他睡得更好了。這讓賽門更能夠以較為客觀的角度重新審視調查結果，且慢慢找到出路，看見了一絲光明。此外，雖然十分困難，不過他試著把員工的回應當成是他們想要改變的吶喊，現在也開始從改變自己做起。

尋找不安的跡象

先前討論過，躲避別人對我們的怨懟比解決怨懟簡單多了，因為我們可以否認、反過來責怪他們，或是用自己的憎恨回應。然而，要是我們能夠以完全相反的方式回應，並主動尋找自己造成他人怨懟的原因，就能阻止情況持續惡化，最後創造出怨懟難以生根發芽的文化。

賽門鼓起勇氣檢視自己做了什麼事而引起怨懟時，有許多跡象都顯示是他在日常和員工互動時犯了錯——他不但使人們自卑，也讓他們期望破滅，尤其是公然說壞話，這對一些員工造成了打擊。他逐漸明白，難怪許多員工都會感到失望或困惑，因為身為領導者的他無法達成他們的期望。賽門現在也知道，他一直會根據他或員工的情緒來改變自己的期望，所以他跟大家的互動缺乏一致性，同時他現在也能理解為何有些人會在調查中表示：他們認為他主導了一種偏袒與任用親信的文化。

在發現自己做過這種事多少次後，賽門坦言他感到不知所措。麥可提醒他，感激是一種「練習」，還說只要他踏出自己的怨懟並處理他人的怨懟，就等於是往感激邁進了一步。麥可並未要求賽門用全新的方式去面對所有員工，而是建議他在接下來幾週先選擇幾個人專心練習。由於賽門以前從未做過這種事，所以他很欣慰能夠慢慢來，並選擇他覺得不會超出舒適圈太遠的對象。他必須逐步執行，就算前幾次沒做好、感到尷尬也沒關係。

麥可協助賽門練習一些他可以說的話，例如「我常在大家面前嘲諷你最近發生車禍的事，那一定讓你很難堪，現在我想說我真的很抱歉」。或是「我原本答應讓你請病假卻沒做到，一定讓你很失望，所以我要真心道歉」。賽門開始發現，當他以感激的態度找人談話，情況就開始變化了。然而，這還是要先做一些準備的。他很慚愧自己以前從未這麼做過，也明白如果要真誠有意義地表達感激，他必須先多瞭解每一個人，並且跟他們建立起連結。賽門練習了幾次，也設想該如何面對負面的反應；仍然脆弱敏感的他，必須努力克制自己不生氣。此外，他也要先跟麥可談談自己的恐懼：他擔心他不一定能夠解決問題，搞不好還會造出更多麻煩，引發更多怨言。

賽門第一次嘗試時，感覺得出對方很不想跟他談話，或者只是想要躲開。當他找到機會在走廊或茶水間跟員工說話時，他們也會避開眼神接觸，看著自己的手錶、手機，或找藉口要離開。為什麼會這樣呢？因為依據以前跟賽門互動的經驗，員工們並不信任他，仍然害怕會被嘲笑、輕視，或因此感到自卑。

於是，麥可建議賽門在發起對話時，可以學著穿越他們的防備、不信任與不安全感，試著找出一種能夠連結或建立關聯的方式。要這麼做，他就得運用「準備心態」——事先知道他要感激他們什麼，並保持這樣的內在態度，讓自己在跟員工見面時準備就緒。他必須這麼做，才有機會讓先前練習過的那些道歉話語對他們產生共鳴。同樣地，他也必須接受他們可能再也不想交談的事實。

賽門找了幾個跟自己至少還有一些連結的人，就這樣努力了一個多月後，發現他們的神態舉止改變了，他們上班時看起來開心許多，其中有一位甚至還會在早上經過賽門的辦公室時主動跟他打招呼。

如何讓其他人更願意找我們談話？

賽門找了幾位員工執行這項感激練習，同時繼續自己的日常感激練習，現在他覺得自己做好了準備，有足夠的韌性面對改變組織文化的下一個重大步驟：讓其他人更願意來找他抱怨。

在麥可的支持下，他發出了一份公開聲明，說他真的很想傾聽大家的意見，看看自己應該改用什麼方式處理事情，以及如何從錯誤中學習。他鼓勵組織裡各個層級的職員直接找他討論，不過他承認自己或許會誤解，因此大家可能要嘗試幾次才能瞭解彼此。他也說自己無法保證會解決所有問題或答應他們的所有要求，不過他會盡力傾聽，認真處理每一個人的不滿。

賽門知道這麼做風險很大。他知道如果有人來找他，而他不小心背叛了對方的信任，或是沒讓對方覺得受到傾聽與尊重，他們就會回去告訴圈子裡的其他人，而他們對他的集體怨懟就會變得更為強烈。所以賽門必須注意要公平對待每一個人，才不會讓大家認為他又在偏袒誰。此外，他得設法在聽到覺得震驚和憤怒的事情時克服痛苦，不把怨懟的情緒帶進來。

有人想主動討論他們對我們的怨懟時，我們必須鼓起勇氣，讓自己準備好面對不安或艱難，這樣才能真正專心聆聽他們的痛苦。正如奈及利亞詩人班．歐克里（Ben Okri）所言：「傾聽即是受苦。」賽門雖然很擔心，卻能明白其他人要來找他吐苦水也一樣不容易，甚至可能還得下更大的決心，因為這對我們而言是最困難的事情。光是他身處權力強大的職位，就足以讓人卻步，難以說出自己的憤怒與抱怨。因此，他必須先開口表明：自己知道一個人要鼓起很大的勇氣才敢直接來找他談，同時，他得說些話讓對方安心，例如「謝謝你過來……」或「我真的很佩服你的勇氣……」。更重要的是，他必須表現出真心，才不會讓人覺得一副高高在上的模樣。

成為優秀的領導者

賽門從未感到如此踏實（對自己和同事都是），並開始享受跟每位員工個別互動的過程，儘管他們的談話經常是以道歉起頭。他會說他很抱歉以前沒告訴他們，其實他很感謝他們對公司、客戶或團隊成員的貢獻。他會告訴對方，自己從他們身上學到了什麼。如果是不太熟識的人，他就會先跟他們的直屬主管見面，多瞭解他們的興趣與成就。

這些都是無法排練的。我們除了要用有意義的方式向他人表達感激，當然也要用有意義的方式傾聽他們的怨懟。賽門透過重複他認為的重點，讓對方知道自己聽進去了，並藉此確認他理解對方的訊息。他也鼓勵每一個人，如果還需要時間談的話可以再回來找他。某些時候，他得在隔天或幾天後去查看對方的情況，確保他們不會覺得跟「上司」坦白過後容易被找碴。

這個過程並不簡單，有時候還會非常痛苦。賽門必須試著盡力不把他們的抱怨當成是在針對自己或因此產生防衛心理。

除此之外，當賽門將重點放在這個過程時，就必須把職權委派給別人好幾個月，除了延後會議，還得加班才能趕上重要工作的進度。不過，當他看見跟自己談話過的人都表現得更有活力，一切就變得不那麼麻煩了，他也開始滿懷感激——他們的勇氣和對他展現的信任，以及他們在走廊上對他的問候與笑容，使他逐漸恢復了身為領導者的自信。賽門讓公司裡的每一個人明顯感受到，「人際關係與人」比「做好工作與達成目標」更為重要。

賽門不只開始成為一位好的領導者，更是一位優秀的領導者。在收到問卷調查結果的一年多後，他因為自己的年度考核跟執行長見面，從她歡迎他進入辦公室的方式和她認可的笑容中就感受到了很大的不同。賽門自己也打從心底露出了笑容，聽著她列出她注意到的所有好事，以及他底下許多員工自發向她提出的正面報告，他知道這些內容一定都是真心的，因為他花了很多心力創造出讓人不再害怕直接提出意見的文化——儘管他跟某些人的關係還有一段好長的路要走。

希望恢復了。賽門一開始因為調查結果產生的自我怨懟已經取代成自我感激了：他感謝自己能夠度過逆境，而不是選擇逃避，錯過能夠從中學到的深刻智慧。

當然，在這一章結束前，我們必須提到賽門的上司，也就是這家公司執行長所展現的深刻智慧。她顯然明白事理，選擇不去埋怨賽門，而是幫助他真正領悟到人和人際關係真的很重要。她把他視為一個人而非一種績效指標，知道要透過實際與漸進的方式才能讓賽門有所改變，並提供她認為賽門在改變過程中所需要的幫助。即使執行長知道賽門一直在說她壞話，她還是明智且明理地支持他。唯有這種領導風範方能真正地激勵與改變人心。

付出時間

這個案例雖然是以公司為背景，但我們可以從中學到許多東西，像是如何處理他人對我們的怨懟，以及感激扮演了推動轉變的角色。

本章探討了很多感激練習，而我也要鼓勵你參考能讓你自己產生共鳴的做法。再次強調，這種做法應該要符合你的舒適圈。以賽門為例，他的做法包括承認我們引發了他人怨懟、透過自我感激與準備心態來加強韌性、反省自己是否未能達到對方期望或造成對方自卑、留意他人對我們感到怨懟的跡象並主動處理，以及創造出安全且值得信任的環境，讓對方能夠坦白說出自己的不滿。**儘管這些行為表面上看來不像感激**

練習，卻是在艱難關係中能讓感激得以表達與接受的關鍵。在你考慮採用其中一種做法時，其實你也會更能意識到對方的感受，並傳達出你很重視這段關係的訊息；光這麼做就是很大的進步了。

有些時候，人們會對我們懷有根深蒂固的怨懟，也許是因為我們深深傷害過他們，要很久才能恢復他們的信任。我們可能難以確認自己的感激練習是否能對他們發揮作用或減輕了他們的怨懟，這時我們就要回到感激的準則：衡量成功的標準取決於自己內心的感受，而非對方的反應。

※

正如賽門所發現的，本章提到的感激練習不一定都很容易，這些多半需要很大的勇氣和強烈的動機。賽門的執行長給了他第二次機會以及同理，這些正是在我們觸怒別人並導致對方心懷怨懟時所需要的。我們或許還需要「適切的支持」，這當中有時也包含了專業人士的協助。

本章要強調的另一個重要因素是「時間」。若想要用應急的方法來改變牢固的行為，最後只會弊大於利。在賽門的故事中，我們看到了麥克隨著時間提供支持並調整各種做法，包括培養賽門的自我感激能力，這讓他能接納批評、誠實反思自我作為，並處理他的自我怨懟。

想要讓解開心結的過程更順利，心懷怨懟的人必須有勇氣也有能力去面對造成他們怨懟的人，好好跟對方討論自己的怨懟。因此，下一章要探討的策略，就是能幫助我們克服向對方表達不滿的恐懼，或是讓對方克服向我們表達不滿的恐懼。另外我們也會討論感激在這個過程中所扮演的必要角色。

第八章

如何說出我們的不滿？

恐懼：最好的方式就是勇往直前。

——美國聾盲作家　海倫·凱勒（Helen Keller）

賽門的員工中，不是每一位都能把握機會直接對他說出怨懟。有些人也許覺得自己辦不到，或是害怕同事會對他們的改變心意有意見；有些人大概會質疑這麼做的意義，因為其中許多人的生長環境可能就跟我們多數人一樣，比較重視維持和平的氣氛，而不會冒著造成衝突的風險直言不諱。

我必須先強調，選擇不直接向我們怨懟的對象說出口，這並不是懦弱。之前提過，我們的感激練習不一定會比別的練習更好或更有價值，即使前一章的內容都在探討這個方法，也不代表這就是最重要的感激行為或處理怨懟的唯一方式。在某些情況下，直接說出口未必會是最佳方針。話雖如此，有些傷口的確只能等到我們向怨懟的對象說出來才會癒合，因為那樣的痛苦揮之不去，以致傷口會一直惡化。雖然我們可以一輩子忍受怨懟，但這絕對不是最有效的解決之道。

有許多方法可以培養你的自信，也有很多技巧能夠幫助你直接表達不滿[1, 2, 3]。這一章要探討**感激如何給予我們這種「說出不滿」的勇氣與技巧**。我知道，要直接找我們認為造成傷害的人談談確實困難，所以本章提供了漸進式的步驟，讓我們可以在行動之前準備就緒。每個步驟都是一項感激練習，幫助我們慢慢解開怨懟，直到我們著手處理最大的挑戰：跟另一個人面對面的恐懼。

難以說出口

過去我曾在許多場合中退縮，不敢向我所怨懟的人開口。舉個特別的例子：我在攻讀博士時，覺得指導教授非常不重視我，對待我也很不公平。當時，光是想到要直接告訴他這件事就讓我充滿恐懼，而且之後再想起時，我的內心還是會有種「糾結」的感覺。由於指導教授掌控了所有的權力，且我的學識、聲望和在學校裡的地位跟他比較起來根本微不足道，因此我覺得最好還是咬緊牙關忍耐下去，別去找他談比較好。現在的我明白，當時的自己只是太過怨懟，以致於無法克服痛苦，用適當的方式表達。怨懟剝奪了我的聲音，我花了好幾年才找回那種聲音。

我試圖更換指導教授時，有人提醒我這可能會造成負面後果，因為其他人和我的指導教授都可能會覺得這種行為十分侮辱人。然而遭受不公平對待的情況越來越嚴重，選擇繼續留下來是對的嗎？根據當時的情況，為了避免不會造成負面後果，這個決定或許是對的。不過從另一個角度來看，我可是吃了很多的虧，因為我用很難看的方式發洩怨懟——在指導教授背後向幾個研究生說他壞話，而這大概讓我多花了一年才完成博士學位，也剝奪了我實際從事研究的樂趣；就像剛才說的，我所做的反應讓自己吃了很多的虧。

如今我看得出來，尤其自己現在也是身為博士生的指導教授，我那位指導教授其實已經很盡力處理各種繁忙事務，我的論文只是其中之一。事後回顧，我也明白了自己當時的應得權益感很可能會造成他的挫折與反感。

當時我的研究主題越來越著重於感激，但自己竟然看不出其中的諷刺。參與我研究的學生都表示，感激對他們產生了顯著的正面影響，讓他們能夠更投入自己的主題並建立連結。而我對於指導教授的怨懟完全取代了感激，因此產生了相反的效果，讓我無法投入主題也完全感受不到連結。唉，那句格言還真是貼切：「我們就是自己最好的老師。」

察覺我們表達怨懟的方式

回到我們在第二章對於怨懟本質的探討，它是一種揮之不去的情緒，因為我們會對於另一個人竟做出這種事感到錯愕，卻不知道該怎麼釋放深埋於其中的痛苦。我們也可能會把怨懟當成自己面對不公平行為時所採取的道德立場。雖然這是在玩文字遊戲，但怨懟需要「重新發送」（re-sent），而我們卻放不下。此時我們又要回到本書的提問：「我該怎麼在充滿怨恨時心懷感激？」在這一章中我們會發現，回答此問題的其中一個關鍵，是要找到對你有所助益且愉快滿足的方式釋放怨懟，讓你能夠積極地重新發送它。

這個過程的第一步，是找出我們可能用什麼有害的方式來處理怨懟，以為自己重新發送了，但實際上卻沒有。這種錯誤的「重新發送」通常有兩種形式。**第一種是我們內化怨懟**，使得它導致先前在本書提過的病症：潰瘍、胃病、胃灼熱、心肺症狀、心臟病、運動不耐症、頭痛、背痛、關節痛、失眠、壓力[4]。

第二種處理怨懟的有害方式，是在背後說另一個人的壞話。你應該會注意到本書經常提及「中傷」一詞。我們會試圖透過話語來釋放無法擺脫的怨懟，同時這些話語通常會「傷」到對方並破壞其名聲，我們會辱罵、說八卦、嘲弄、輕視、發牢騷、責怪、貶斥、冷嘲熱諷。然而，中傷通常是無意識之下做出的行為，也就是說，這不一定是要故意傷害或報復對方，而是我們處理痛苦並獲得他人支持的唯一方法。在某種程度上，我們也許知道這麼做會有不良影響，但由於我們覺得很受傷，也渴望尋求公平，而這種感覺強烈到自己無法有意識的控制。

當我們的韌性降低、壓力變大、忙碌或工作過度，就越有可能用這種方式來表達怨懟。另外會造成這種狀況的原因，還有我們周遭環境的文化或人們的日常行為，或是，我們所處的文化不太會感激或重視人際關係。正如我們在前一章探討的，當領導者投入這種行為，感激就會成為常態，進而滲透至整個組織。

不過，我們也得承認要忍住不去中傷別人真的很困難。雖然我知道我中傷指導教授的行為有多麼嚴重，也知道這會對我之後的路留下什麼傷害（包括讓他名譽受損以及讓我失去誠信），但這可不是說不做就不做那麼簡單的。無論我怎麼嘗試，這都已經變成了一個難以戒除的習慣。不僅如此，當時教授處理這個狀況的方式，也讓我期望破滅的強烈感受壓過了我的意志力。

我陷入了一種惡性循環（這個詞我在本書裡用過幾次，因為它實在是太貼切了），對自己一開始竟然會做出這種行為感到自我怨懟。就算知道遭到指導教授的不公平對待，我還是開始苛責自己為何不勇敢一點、為什麼無法感激。我在這個情況中找不到「完美」的自己，所以就放棄了。

找回你的操守

所以，怎麼樣才能用更有效的方式「重新發送」我們的怨懟呢？首先，要意識到怨懟所引發的行為及其影響。許多場合中的標準做法是「壓抑」或「中傷」，但在我看來，我們絕對不能接受這種現狀，讓這樣的行為成為常態。

此外，誠如前述，同時也要注意別對自己設下不切實際的期望，覺得自己能夠直接停止這種行為。現在，我們或許應該先檢視一下自己對於「操守」（integrity）的看法。對我來說，操守不是指每次都要做出最完美的選擇，或者永遠不會犯錯。**操守是能夠認清我們偏離了自己想要的行事方式，於是在下一次努力做出改變；操守並非隨時都待在正確的路線上，它是一種反省的過程，重點是能在發現自己偏離之後再次回到正軌。**根據我的經驗，這是一種不斷持續努力的過程。

如果把這運用到我和指導教授的情況，我就不會在發現我有背後中傷他人的行為時責怪自己，而是深刻自我反省，並試著在下一次做得更好。或者，我可以把握機會說他的好話，藉此彌補之前所說的壞話。另一種策略，則是努力建立更好的習慣，例如，當自己很想加入其他人一起說某人壞話時，立刻跳進去轉移話題。

每當我們克制自己不藉由打擊別人重新發洩痛苦，就等於是開了一扇門讓更多的感激進入——不只是對另一個人的感激，也是對我們自己的感激。從更廣的角度來看，理想上我們都會以營造更和善的環境為目標，讓信任與肯認成為常態，如此一來，背後中傷他人的行為也就更不容易發生了。

「背後中傷」與「批判性思考」的差異

許多人認為背後中傷沒什麼，其中一個常見的理由是認為這代表了智慧能力。從事政治或學術圈等公共領域工作的人，以及那些自認是分析性或批判思考的人，就特別容易出現這種思維模式：把評論當下的現狀視為己任。與此相對，批判性思考則經常是我們工作的動機，好比我們拿薪水就是要找出問題並提出解決的建議。

我們認為「批判性思考」和「懷疑態度」是高階且值得欽佩的能力，也確實把它們視為必須珍惜與頌揚的民主權利。更進一步來說，許多人還認為：就是因為某些批判性思考的背後帶有怨懟，才能引發行動阻止這世界的不公不義。此論點認為，若不表達出這種怨懟就是不道德，進而使我們變得冷淡與自滿。怨懟給了我們火花、給了我們優勢，以及想要改變的熾烈熱情。問題是，在西方世界的爭論與討論中，有時會把「評論」與「中傷」視為同一件事：我們打擊了想法，同時也等於是打擊了對方。

然而很重要的一點，我們必須明白評論是一種衡量或評價事物的客觀過程，用來評估在某件事情上如何採取行動。也就是說，評論的動機是找出觀念中的缺陷，藉此達到真理或找出更好的答案。**評論針對的是「觀念」，而源自於怨懟的背後中傷所針對的則是「另一個人」**。

感激與中傷無法並存，但感激和批判性思考可以是完美的搭檔。處於感激心態能讓我們敞開心胸接受現實，這可以幫助我們思考得更清楚，分析得更仔細[5]。我們可以深刻感謝要分析的事物，同時又能加以評估，發展出相關概念予以改善。的確，某些知名創新者的思想來源就是這種感謝心態，例如愛因斯坦，他在追求一切知識時就是懷著感激、敬畏或驚奇的心情。至於我在讀博士班時，發現自己因深層的怨懟和失望而分心——背後中傷沒讓我醒悟過來、清楚思考，而是產生阻擋思路與創意的烏雲。

無論我們做過多少集中注意力的練習，或是再怎麼培養出清晰思考的牢固習慣，怨懟都能強烈地影響深層意識，也就是說只要它存在，幾乎就不可能做出目標明確且積極正面的評論。另外，怨懟也會壓抑我們的心靈、扼殺我們的靈感。如果我們中傷或怪罪他人，就會讓自己從互相連結的關係中完全脫離出來——我們會破壞關係，樹立敵人，加深對怨恨和不滿的對象更多的敵意。在許多組織中，這往往是最大的阻礙，讓我們無法實現真正改革創新和激勵人心的工作。

選擇「一個人」來見證我們的痛苦

讀到這裡，你或許會抗議我剝奪了你唯一能保持理智的方式，例如，週五晚上在酒吧向朋友們報告或閒聊你這個星期累積的不滿，這似乎是擺脫怨懟的最佳良藥，彷彿只有這樣才能幫助你為難熬的一週畫上句點、週末才能過得輕鬆，下週也會比較愉快。不過若是仔細思考一下，就會看出這通常只能帶來短暫的安慰，也無法帶走怨懟。這麼做最後只會讓我們的感覺更糟，因為它會強化我們的立場，同時要求別人站在自己這一邊，如此一來，其實也是把他們捲入了我們的不滿之中。

另外，這也會使我們無法採取有幫助的行動，或是無法承認自己做了什麼讓這段關係變得艱難。不僅如此，藉由這種方式發洩，也等於跟自己指控的對象一樣做出了傷害人的行為——我們用自己的話語打擊他們，試圖占上風，而這只會讓他們在聽見我們所說的話之後有理由怨懟我們。

藉由背後中傷來獲取其他人的支持似乎非常重要，因為這會讓我們不再感到孤單。不過，**儘管我們好像是藉由分享自己的不滿來強化彼此的友誼或聯繫，但實際上這種做法經常會造成反效果**。如果大家看見你會對某人這麼做，想必你有一天可能也會這樣對他們——他們說不定是對的。如果他們發現你下週一上班時對你中傷的那個人表現得很「親密」，這可能就會破壞了他們的信任。

要處理怨懟，比較有效的方式應該是找一位「值得信賴且稱職的傾聽者」，這個人能保持客觀與保守祕密，而且不會批評另一個人。

背後中傷是一種反應，而能說什麼或能找誰說，我們都不太會考慮後果。但要是我們能夠刻意選擇一個人訴說不滿，表明跟對方討論的目的，就更能夠意識到自己的言談，態度也會更為主動。如果我們選擇後者的做法，就更有可能認清自己怨懟的原因並找到解決辦法，與此同時，可能也會更清楚自己在逐漸升溫的情況中扮演了什麼樣的角色。

這種帶有意圖的談話會啟動不同的思維方式，有別於保持沉默與反芻思考，或是在毫無操守、不在乎後果的情況下脫口說出不滿。這也會產生一種不同的表達方式，不但提升了我們的境界，也讓我們更為正直。也就是說，我建議可以有意識地只選擇一個人作為我們的共鳴板；以美國神祕主義作家卡洛琳・密思（Caroline Myss）的話來說，**我們只需要「一個人來見證我們的痛苦」——我們不必一而再、再而三地向任何**

願意聽的人重複。

以第四章提到的瑪德琳為例，當時她正面臨在工作場所感受到年齡歧視的痛苦，而她有意識地選擇了只跟莉亞「一個人」談這件事。為了保持操守，我們一定要跟所選擇的分享對象確定自己的意圖。如果請他們見證我們的痛苦，對方說不定會覺得我們很奇怪。

不過，就像瑪德琳跟莉亞的例子，我們可以詢問對方是否能夠在保密的前提下討論一件重要的事，並請他們不要批判另一個人，坦承我們只是告訴他們單方面的故事，表明這麼做是為了理解當中潛藏的問題，並讓他們知道我們的目標是克服打擊與痛苦，這樣才有可能開啟跟另一個人的對話。我們也可以請他們幫忙釐清自己的想法和感覺，協助我們練習要向另一個人所說的話。

記得，我們之所以這麼做的目標是想幫助自己、不傷害到其他人，同時體悟到感激的滋長，而這個過程中的每一步驟都能當成感激練習。

明白「為什麼」要有勇氣直接說出口

目前，我們探討了認清背後中傷他人的後果、找回操守的必要，以及說出不滿所需要的支持。接下來我們要更深入探討為什麼必須直接找對方談。

透過交談，雙方才能更充分意識到怨懟的本質，以及怨懟對我們的影響。藉由說出破滅的期望或者為何感到自卑，我們才能把界線畫得更清楚並維護自身的價值。雖然這種做法十分困難，但是唯有說出口，才能找回公平、公正的感覺，最後得到心靈的平靜與安康——這往往也是唯一能讓關係復原的方法。

保持沉默不只會傷害我們，也讓另一個人少了成長的機會，這樣他們就不會思考自己的行為造成了什麼影響，也不會在某一天覺得應該向我們道歉。把話說出來，雙方才會察覺到先前未能察覺的事。沉默通常會讓我們怨懟的人感到困惑；他們可能會經常覺得情況不對勁，並試圖理解為何我們突然改變心意或做出誹謗、孤立的行為，如此一來，極有可能也會導致他們對我們產生怨懟。

如果我們無法在適當的時候開口，繼續容忍，這也算是在姑息傷害我們的行為。在衡量說與不說的後果時，或許我們可以這樣提醒自己：要是傷害我們的人繼續這麼做，就會造成更多傷害——不只是對我們，對別人也是如此，此時可能就會覺得自己有道德義務必須要說出口。

我們想要有個安全的環境可以說出痛苦，不必害怕又能徹底放心，同理，我們也可以創造出這種環境，讓別人能夠安心地直接找我們談。在前一章，我們看到賽門發現了這種感激練習的力量，於是改變了工作場所的文化。之前也提過，願意讓對方向我們說出不滿，是解開心結最有效的方式，同時能創造出讓感激滋長的信任環境。

不過你可能會問，為什麼要親自去找對方談？為什麼不寫電子郵件給他們，或是請某人（也許是你信任的朋友或同事）替你去做？沒問題，當你覺得會受到傷害或只是沒有勇氣開口，就會覺得這種做法比較適合，但由你直接向對方說出口的收穫肯定會更大，因為這種方式能讓你們感受到彼此的現實狀況——另一個人能真正體會你的痛苦，因而也就更可能意識到他對你造成的影響究竟有多深。

除此之外，我們說話時會用不一樣的方式思考，或透過不一樣的方式解決問題，這跟書寫的時候很不一樣，當然也跟我們保持沉默時不同。說話的行為會運用到另一種智慧，可以讓我們清晰思考，進而幫助我們繼續前進，不會卡在原地。

要知道，某些國家的人並沒有這樣的自由，完全無法說出自己被冤枉的感受。如果我們所處的環境可以自由開口、不必擔心遭到指責或懲罰，就表示這項基本人權受到了珍視與尊重。因為有許多人都被剝奪了這樣的權利，所以我們更要強而有力地主動利用它，也算是在感激能夠擁有這樣的機會。

重新定義衝突

我認識一些人做過很了不起的事，例如，攀登喜馬拉雅山、在三次化療後康復、單獨養育五名子女，可是他們都覺得，要向另一個人誠實說出自己的怨懟，實在可怕極了。我在許多場研討會和讀書會上聽過和感受過人們思考這件事情時所展現的恐懼，大家最常講的話是：「我寧願死也不要直接找他們說。」接著很快就提到了「衝突」這個詞，彷彿說出實話就像是上戰場或進入衝突區，他們必須穿上盔甲保護自己。

再次強調，這些恐懼都十分合理，每個人都會在覺得不安全的時候接受恐懼引導。然而，若是被恐懼主宰，就很有可能無法繼續前進了。《享受吧！一個人的旅行》的作者伊莉莎白·吉兒伯特（Elizabeth Gilbert）在《創造力》（*Big Magic*）一書中提出了睿智且非常實用的建議，能幫助我們用不同的方式看待這種恐懼，並讓它伴隨我們：**我們需要一些恐懼，恐懼在進化上扮演了重要的角色。可是她也提醒我們：有些恐懼並不需要，因此必須知道其中的差異。**

她鼓勵我們不要用負面角度看待這種恐懼，也不必害怕它們，而是保持好奇，在需要勇氣時替它們安排一個地方和很大的空間。吉兒伯特告訴這些恐懼，它們不能做決定：「你們可以找位子坐、你們可以說話，但是你們不能投票。[6]」我們可以利用這種智慧，設法把自己的恐懼擺在適當的地方，這樣它們就不會主宰我們的決定，進而剝奪我們開口的勇氣。

除了對自身恐懼保持好奇之外，也要記得自我感激在重新定義衝突時所扮演的角色。說出不滿是自我照顧的一個重點，這會幫助我們加強韌性並擁有明確的界線。

現在我看得出來自己在攻讀博士時，幾乎一切都想追求完美，而且沒有太多自我感激的空間。如果當時我做得到自我感激，就會擁有更多自信和更高的自我價值感，也不會把自己的權力交給指導教授，如此一來，就不會因為覺得他的權力比我大而感到害怕。雖然可能會有點困難，但這樣說不定也能讓我有足夠的智慧和自信去找另一位指導教授。

然而在那個時候，我把「堅定自信」當成是在惹麻煩，害怕自己會被貼上壞人或搗亂者的標籤。我很努力維護自我形象，想當個和事佬跟好人（儘管我私底下並沒有那麼好）。在我成長的家庭中，父母經常用互相傷害的方式處理爭執，這對我造成的傷疤讓我對任何衝突都感到懼怕。經過許多年之後我才明白，我不只是勉強自己當個「好」人，而且「好過頭」了，這一切導致了怨懟，而怨懟會讓我在覺得權力大於自己的人面前感到自卑。

經過許多年後，我採用伊莉莎白·吉兒伯特的建議，用好奇心看待自己對於衝突的恐懼，結果發現「好」跟「自信」這兩種特質可以和平共存。我也發現它們之間沒有誰主宰誰，兩者實際上是互補的。如果當時在跟指導教授發生衝突後能夠更充分地練習感激，我就會先實行肯認，把他當成一個人，而不是某個濫用權力的角色——事實上他自始至終、從頭到尾都是個人。如果我可以更著重於對他的感激，就能發揮同理心，看出他也承受著巨大的壓力，這麼一來，我就會克服直接找指導教授討論的恐懼，因為我知道對我來說，這段關係就跟完成我的博士學位一樣重要。

歸屬感的需求

在和對方談論自己的怨懟時，我們最大的恐懼，通常是害怕會遭到他們及其朋友圈或同事的排斥。

美國心理學家亞伯拉罕·馬斯洛（Abraham Maslow）認為，人類的動機可藉由

「為了符合特定需求的策略」來解釋[7]。在需求層次中，馬斯洛指出在生理需求（例如，食物和遮蔽處）之後，人們會有安全需求，在這之後則是愛與歸屬感的需求；而達到自我實現的終極目標前，必須先滿足安全與歸屬感的需求。**倘若誠實地對某人說出怨懟代表了自我實現，那麼在運用這種智慧之前，或許應該先滿足歸屬感的需求。**

情況可能有幾種。剛才提過，你也許很害怕：突然向某人說出怨懟會導致你被對方或所屬的團體排斥；或者你為了避免被排擠，會覺得壓力還是跟以前一樣大。更麻煩的是住在小鎮、社區或工作場所的人，因為大家認識你很久了，也都預期你會做出某些行為。當你必須融入一個經常在背後中傷或怪罪別人的團體，如果你選擇突然不這麼做，感覺似乎有點冒險。這可能會讓他們覺得你不再是團體的一分子，或覺得你自認為比他們更高尚。在此情況下，歸屬感的需求勝過了寬容的需求。

我相信當「肯認」是種常態的文化或存在於社群中，人們會有更深刻也更真切的歸屬感，不必擔心要讓自己融入，因為回到馬斯洛的層次理論來看，**「接受他人的肯認」就能滿足歸屬的需求。**

重視關係

我們害怕在跟他人的溝通中出錯，其實就代表我們在本質上非常重視關係。我們會出於本能在乎核心關係的安全與穩定，因為這是確認自己能否過得順利的方式。

當然，我並不是建議你要跟傷害自己的人成為至友，但我有個基本信念，就是：我們或許不知道自己其實非常在乎關係是否和諧，否則就不會這麼擔心會傷害到對方、擔心關係可能會改變，或是擔心受損的關係會對我們和身邊的人有什麼影響。所以我們在談論怨懟時，可以先強調這句話：「因為我們的關係對我很重要……」。

我們可以透過感激練習讓這句話說得更真誠。如果著重於對方的優點，回想從他們那裡得到了什麼，或許就更能夠避免衝突，讓關係走向復原與和解。我們的出發點是他們給了我們什麼，而不是我們覺得被他們奪走了什麼。光是這種想法就足以讓互動變得更為和緩，對方也就更不會因此生氣。記得，重點不在於彼此的怨懟，重點在於雙方原本的重要性與價值。

※

在這一章，我們探討了修復艱難關係時最困難的其中一個層面：直接向對方說出他們對我們造成的痛苦。我們學會不以造成傷害的方式來表達怨懟，並藉由感激練習讓我們用有效且主動的方式重新發送怨懟。我們也知道自己所做的選擇會對操守和人品有莫大影響，因此必須有意識與有目的地選擇「能幫助我們真正處理痛苦」的支持者。另外，我們要跟自己的恐懼當朋友，並重新定義我們對衝突的認知，用正面積極的方式開始解決艱難關係。「感激」在這裡扮演了重要角色，提醒我們除了要有穩固的界線，也要依據自己的感覺執行這些步驟。

我們知道在熟悉的文化背景中往往很難說出自己的痛苦，因此，在下一章你會發現，如果我們嘗試溝通的人來自不同的文化背景，情況又會更加複雜了。所以，擴大理解跨文化表達感激與怨懟的方式，會讓我們對努力融入主流文化規範的人發揮更多的同理心，也能因此加強我們的溝通技巧。

第九章

「感激」的跨文化差異

進來請敲門。

——美國學者　凱倫·馬丁（Karen Martin）

目前，我們所探索的內容都以西方文化背景為主。雖然書中關於感激與怨懟的許多討論都適用於各種文化，但仍要注意有些解開心結的過程必須進一步考量文化差異。

文化脈絡的重要性

在這一章，我會分享一些以自己西方人身分所聽到的故事，這些故事來自工作、國外旅遊，或是跟不同文化人士之間的交流。為了讓讀者知道跨文化表達感激時可能要考慮到的複雜細節，我討論了幾個例子，包括澳洲原住民與托雷斯海峽島民（Torres Strait Islander）文化、非洲部落、伊朗文化和中國文化。請注意，這些內容都出於我的詮釋，由我自身的文化背景所構築，絕對不是想加深文化刻板印象或以偏概全地敘述來自這些文化的所有人。

在某些要探討的文化中，我並未提及關於跨世代創傷、不平等與壓迫的重要歷史背景，以及這會如何影響感激跟怨懟的感受和表達；我也沒有詳細討論性別或世代差異在每個場合中可能產生的影響。

基本上，探討這些故事可以達成兩個目標：**我們會在和自己不同的文化中發現關於感激的一些豐富面向，讓我們在給予和接受感激時能更有文化意識，不會因此造成溝通失敗。**事實上，若要跟不同文化的人建立穩固關係，最好的方式之一就是深入瞭解他們如何表達感激與怨懟。如果不將這些差異納入考量，甚至在一般的日常溝通中就有可能產生問題並導致衝突。光是這一點就足以證明，感激與怨懟對我們的日常生活來說有多麼重要。

關於日常的怨懟，我們往往難以向來自不同文化的人直接開口，害怕對方會覺得受辱。這種感覺可能強烈到讓移居外國的人為了融入當地而完全改變自己的性格。為免冒犯他人，保持沉默不開口當然比較簡單，然而如此一來，可能也會加深他們的怨懟——不只是因為他們無法以自己的方式表達，而是因為他們完全不能表達。

誠如前幾章所提到的，就算是在單一文化裡，要直接表達怨懟所牽涉到的複雜因素已非常多，例如，傳統上盎格魯撒克遜人可能會不惜一切維持和平，咬緊牙關不破壞現狀。我經常納悶，會不會就是因為這種文化差異，讓大家在某些情況中能夠容忍暗地中傷或誹謗他人。然而，這種行為跟義大利人和其他南歐人的傳統規範，形成了強烈對比，因為他們習慣公開激昂地表達不滿，且經常毫無顧忌。舉例來說，喜愛義大利小說家艾琳娜・斐蘭德（Elena Ferrante）作品的讀者，或許會注意到，她詳盡描述那不勒斯的主角們如何在言行舉止中表現出所謂的「怨懟」。

我初次從跨文化角度研究感激，是以澳洲的第一民族（First Nations）為背景。當時我讀到了原住民學者凱倫・馬丁的傑出論文〈進來請敲門〉（Please knock before you enter）[1]。她的文章不僅讓我在從事研究時有得以遵循的價值觀，也是我在嘗試瞭解其他文化人士時的參考依據。凱倫・馬丁提醒大家，我們對於任何文化的理解僅限於自己的詮釋，不能一概而論。她說：「要展現我們的世界，只能靠我們用自己的方式表達自身的經驗、現實與理解。」[2]

在本章即將要討論的每個文化中，關於感激與怨懟實在有太多東西可以討論，每個文化都值得用一整個完整章節來深入討論，不過礙於篇幅有限，在此我只嘗試提出一些我所認為最重要的差異進行討論，也就是：如何向造成我們痛苦的人表達怨懟，以及該文化是否將這種做法視為習慣或禁忌。

澳洲原住民與托雷斯海峽島民

澳洲的第一民族文化極為多樣，在澳洲大陸和托雷斯海峽上就有超過兩百五十個語族；每一種語言都代表了特定的地點、人民及習俗。

凱蒂（Katie）是一位老師，她是盎格魯－凱爾特（Anglo-Celtic）血統的澳洲人，最近才到澳洲偏遠地帶的一間原住民社區學校任教。起初有件事令她很意外：學生或其他職員幾乎都不會向她表達謝意——凱蒂把作業還給學生時，他們往往拿了就走。一開始她以為這只是沒禮貌，但後來她懷疑是不是因為他們不喜歡她，或者是她冒犯了他們。

凱蒂以前的學生主要都是西方白人，她也很習慣藉由表達感激和他們建立穩固的關係。然而當她在課堂上對原住民孩子這麼做時，學生卻只是掉頭離開，彷彿她什麼也沒說過。由於凱蒂表現的感激並未顧及到學生的文化，因此未能好好傳達，事實上他們的成長環境中不會用熱情的話語來表示感謝，所以覺得這種做法很奇怪。

沉浸在這種環境中幾個月後，凱蒂才開始明白，他們會以其他方式表達感激。為此她覺得很慚愧，因為先前她還以為他們的溝通方式或文化中沒有「感激」這種東西。實際上，他們的感激已經有很深的基礎，只是跟大多數西方人所展現的方式不同。感激在原住民的文化中已經根深蒂固，他們也會對互相聯繫、人際關係、群體和祖先表示感激與尊重——包括過去和現在。有位原住民女性告訴凱蒂：「我們不會感激自己，我們會感激整個民族；感激將我們跟祖先連結起來。」這種和西方以個人為主的感激體驗截然不同。

於是，凱蒂發現這種西方人習慣公開表示謝意的傳統，在這裡不管用，甚至被當地群體當成做得太過頭或只是「白人的事」。其實，在他們的語言中連「謝謝」或「感激」這種詞都沒有[3]。這沒有必要，因為他們文化中的相互依存與互相聯繫就已經存在感激了。澳洲學者兼第一民族積極分子艾琳・莫瑞頓－羅賓森（Aileen Moreton-Robinson）博士，是如此描述澳洲原住民的認知方式：「一個人會認為自我是他人的一部分，而他人也是自我的一部分，這樣的學習是透過對等、義務、分享經驗、共存、合作、社會記憶所形成的。[4]」

對這個群體而言，**相互關係就是他們身分認同的核心，因此刻意表達感激就等於是在質疑自己的身分**。正如凱倫・馬丁所言：「……這種聯繫的深度極為強大，引導著我們的生命。這是我們的法則……[5]。」此外，西方人傾向於藉由感激來維繫關係，而澳洲原住民文化則會運用別的方式將其保存，例如：說故事和共同參與儀式。遇見另一個團體的成員時，有兩個問題很重要：你們是誰，以及你們來自哪裡？回答這些問題的故事必須能夠維持與尊重彼此間的聯繫。

因此，如果凱蒂想對學生表達感激，首先就必須透過他們在群體中的關係來瞭解他們。她必須參與其中、花時間和他們相處，慢慢認識這個群體，而她的做法是請學生向她介紹照顧他們的長輩。她會跟他們去野外、陪他們吃飯，找出對他們來說重要的事情。後來她才領悟到，若要對學生表示感謝，最謙恭也最適當的方式就是感激他們的長輩。另外，凱蒂也逐漸明白學生之所以不感謝她或回應她的感謝，是因為他們非常清楚自己是誰以及自己如何與他人連結，而這一切都是透過在如此緊密的群體中成長所獲得的耐心、堅定與韌性。

此外，隨著時間的過去，凱蒂也深入瞭解了這個群體處理怨懟的方式，例如，當學生覺得不受老師尊重，他們就會找長輩談這件事。接著長輩會直接帶著孩子到學校跟老師討論這個問題。孩子必須在場，才能學習如何透過尊重與符合習俗的方式來處理這種情況。這個原住民群體認為孩子就是未來的長輩，因此從不錯過能讓他們向長輩學習的機會。

非洲的祖魯文化

我曾經有幸應一位祖魯（Zulu）學者齊科莫（Zikomo）的邀請，到南非擔任訪問學者。從這段經驗中我學到，雖然西方人在日常關係中很重視感激的儀式，但跟祖魯文化比較起來，西方人一般表達感激的方式其實相當單調。另外，我也學到儘管部落文化之間有相似之處，例如：獨立感、注重關係等，但實際上卻有十分關鍵的差異，要是用概括的方式來看待所有部落文化絕對是個大錯誤。此外，正如先前在澳洲原住民與托雷斯海峽島民文化的討論中提過，非洲部落文化內的各個部族也有許多特定且細微的文化差異。不僅如此，其中某些團體還選擇不被當成「原住民」，因為他們認為這個現代化的分類十分狹隘。

齊科莫邀請我參與一段長途旅行，跟他到辛巴威邊界的村莊拜訪他的父親。一路上，他講了許多祖魯文化中關於感激的故事與傳說——我發現他們有好多好多用來表示感激的儀式和象徵，例如，他們會在特定日子對逝去的親人表達感激，孩子也會用特定的方式向父母傳達謝意。他們有好幾百個以感激為主題的故事、寓言及神話，不過大多是口語流傳。

抵達齊科莫的家時，我注意到附近很多房子都非常簡陋破舊，但他父親的家卻相對的十分新穎，蓋得堅固好看，車道上還停著一部閃閃發亮的新車。回程途中，我才發現原來齊科莫會把一部分薪水交給他的大家庭。他剛當上學者的時候，學校依照合約給了他一輛新車，他立刻就把車子送給父親——他做這些事是為了感激父親。雖然齊科莫自己有四個孩子，上班時得搭兩班火車，還要爬一段又熱又長的陡坡，但他每天都滿懷著對父親的感激之心經歷這些辛苦。

我非常感動，不過一開始也有點震驚，後來才逐漸明白感激就是「烏班圖」（ubuntu）的核心——這種準則源自南非，但其影響力慢慢擴及到整個非洲的部落文化[6]。大致來說，ubuntu 就是 umuntu ngumuntu ngabuntu，意思是「**一個人是透過他人而成為真正的人**」[7]，意思是：你和我之間的連結如此緊密，因此當我懷有感激，也等於是在對你表達感激。「烏班圖」的基礎是「謙遜地和睦相處」、珍視人性、關愛、分享、尊重、同情和其他相關價值——**重點在於關懷他人甚於自己**。

齊科莫解釋，表達感激是讓「烏班圖」在日常互動中發揮作用的重點，而無法做到的人甚至會被視為野蠻。事實上，對傳統部族而言，這就是維繫整個聚落的關鍵。

他們的文化跟第一民族澳洲文化一樣，認為感激的起點是「人際關係」而非「個人感受」。然而這兩種背景之間有個重大差異：非洲部落在表達時必須遵守許多以感激為中心的儀式，因此「烏班圖」的其中一項特質，是讓人藉由感激的表達來展現其文化、成功、性格、禮貌、教養。

根據祖魯文化，為了表示真正的感激，一個人在給予時必須「失去」些什麼，類似某種犧牲。因此在這個文化中，人們不會只依照自己能否輕鬆負擔而給予，因為這樣就不算真正的感激了。但這並不表示每一個人都要做得非常極端，例如，送車給父母或是刻意表現，重點在於禮物背後的心意。無論別人用什麼方式表達感激，來自這種文化的人都會對此覺得感謝，他們也會審視對方給予的原因。這份禮物是否純粹只想讓另一個人開心，不需要任何回報？否則，這就會被認為不合宜。

無論禮物為何，最能表現感激的方式就是要「認真」，並運用這份禮物成為更好的人。如何給予或接受感激取決於你的性格，因而也決定了你能否成功。若要表達感激，有種常見做法是幫助貧民或匱乏的人。如果你這麼做，整個群體都會尊敬你。能夠由衷給予感激的人，會被其他人視為很有教養，是很棒的榜樣。因此對非洲部落來說，表達感激能塑造自身性格、名聲，以及在群體中的地位。

另外，祖魯文化也像西方難以容忍怨懟，同時有許多協助認清怨懟或處理怨懟的做法。怨懟通常被視為壞事，是一種不文明的表現。依據齊科莫的說法：「在我的文化中，我們會說有怨懟的人是壞心眼。」發現有人心懷怨懟時，他們就覺得有責任協助對方解決。齊科莫舉了個例子：如果一對夫妻在婚姻中產生怨懟與衝突，群體裡的長者就會注意到，然後要他們暫時分居一段時間。

在西方文化中，怨懟通常是一種非常私人與個人層面的感受，處理它是自己個人的責任。與此相對，在齊科莫的文化中，處理怨懟及其產生的惡意行為是整個群體的責任。除此之外，如果有人放不下怨懟或以負面的方式表達，就會受到整個社群的排斥。事實上，祖魯文化衡量好人或成功的方式，就是看這個人能否文明、主動地回應怨懟——亦即齊科莫所謂的「對生活感到滿足」。

伊朗文化

米娜（Mina）來自伊朗，是我在大學舉辦一場研討會時認識的研究生。她跟指導教授之間一直有很大的問題，所以對研討會的主題很有興趣：「透過感激練習改善指導教授與學生之間的關係」。在研討會上，其他學生表示對於自己能跟指導教授順利溝通一事心懷感激，而我能感受到米娜對此覺得十分不安也很困惑。後來她私下找我討論自己的難處。

米娜激動地說，感激是伊朗人展現自身精神的關鍵，也是打招呼的方式。當一個人問：「你好嗎？」對方回答的第一句話一定是：「感謝上天，我很健康。」

米娜覺得澳洲的研究環境似乎一點也不重視感激。她熱情地講述自己的經驗：剛到澳洲時她就帶了禮物給指導教授以示感激，說這是伊朗人表達感激的傳統方式，尤其對方還是大學教授這種社會地位很高的人士；他們認為不這麼做很失禮，同時她也真的很想讓指導教授知道，她很感謝對方願意指導她。

然而，讓米娜既惱怒又沮喪的是，指導教授竟然說她不要任何禮物，教授也叫她別在電子郵件中一直感謝她，她說不需要感謝，這只是在做自己份內的事。米娜覺得這十分冷血，她有這麼多感激想要表達，卻無處宣洩。

另外，米娜開始遇到了其他問題，例如教授對於研究主題的指導方式，以及教授似乎也沒付出足夠時間瞭解米娜的真正興趣和想要研究的重點。但在伊朗，研究生絕不可能質疑指導教授，這麼做會被視為極大的侮辱，甚至師生之間的關係也會因此斷絕或陷入危機。米娜害怕說出口，擔心失去獎學金，或甚至被趕出國，她認為必須「完全」聽從指導教授的話，所以一直在做自己沒那麼感興趣的研究。米娜對這種情況和研究方向越來越有壓力，卻又不敢質疑權威，因此覺得自己別無選擇。

在我們的談話中，我發現原來**伊朗人不會直接向對方表達不滿和怨懟，而是會「直**

接斷絕關係」。米娜舉了她母親最近才發生的事情為例：她在一家公司愉快地工作了三十年，剩下一個月就要退休，但在那個月裡她遭到霸凌，也受到幾位同事輕視，但她沒找他們處理這件事，而是突然就離開了。

我們在研討會上討論過主動表達怨懟的策略，米娜非常感興趣，想要深入瞭解。令她寬心的是，她知道自己可以用一些方式開始處理這些問題，以及採取一些步驟向指導教授說出自己的憂慮，同時這些都不會引起她想像中的負面後果。

中國文化

在跟來自中國的學生討論「感激」與「怨懟」的表達方式時，我慢慢理解了當中的文化差異。其中，有位來到澳洲高中教中文的職前教師名叫余燕（Yu Yan），她在學校的主要工作是提供住宿的國際學生相關的照護和語言上的協助支持。

剛開始到那裡教書時，有些職員經常要求她協助來自中國的學生，希望這些學生在與人互動時能更有禮貌，尤其是在表示感謝的時候。余燕很訝異，因為跟她教過的許多西方學生相比，她覺得這些學生幾乎都非常客氣；可是，當中有個很大的文化差異讓他們飽受批評：他們不會說出「謝謝」。

中國的父母通常不會期望孩子向自己表示感激。努力用功達到最高成就才是最重要的目標，所以父母只會要孩子專心在這件事上，不必想著要感謝他們。再者，如果年輕人想感謝父母或好友，似乎就會被視為沒有必要，而且也「太做作」了，這會讓對方覺得自己被當成外人，畢竟在親近的關係中沒有必要表達感謝。

由於中國是一種集體主義社會（collectivist society），感激等於是文化結構的一部分，沒有必要公開表達。許多中國人都覺得西方表示感激的方式十分尷尬，更不清楚該如何接受和回應感激。他們也覺得如果嘗試用西方人的方式表達感激，就有可能在同儕面前丟臉——這就是來自中國的國際學生之所以不用澳洲老師習慣的方式來感謝的主要因素之一。許多中國學生就算想用西方人的方法來表示感激，他們也不知道該怎麼做。同樣地，當老師感謝他們，他們也不清楚該如何回應，因而必須學習符合當地文化的做法——露出微笑或謝謝老師的賞識。

但這就表示中國人缺乏感激嗎？一點也不。他們的感激是發自內心的，以不同的方式表達。這種未說出口的感激有太多好例子了，尤其是透過「特別請人吃飯」的方式來表達。**也許感激並未以話語表述，但傳達感激的行為具有影響力也始終存在。**至於對父母的感激，這是孝道的基礎——所謂的「孝道」是指孩子藉由尊敬與妥善照顧父母以示感激。同樣地，在教育方面，他們表達感激的做法是用功學習，在課業上力求傑出表現。

後來，余燕讓學生向每天為他們烹煮美味餐點的廚師表示感激、說出謝謝，逐漸讓他們明白西方人給予和接受感激的典型方式。她協助他們練習可以表達感激的話語，重複練習直到覺得習慣為止。感謝廚師在中國並不是常見的做法，而廚師也從不會期望聽見餐廳的客人對他們表示感謝。前面提過，在中國，開口說出感謝會讓雙方都覺得十分尷尬。

然而在澳洲，一位宿舍廚師如果從未聽過感謝的話，最後可能就會失去動力或覺得灰心，不然就是像這個例子一樣，對學生產生抱怨和不滿。不過，當學生開始向廚師表達感謝之意後，他們就注意到廚師變得更開心了，且更常對他們笑。這也幫助學生們明白，只要用簡單的方式表達謝意，就能讓他們跟廚師以及學校裡的其他人建立起連結。

余燕告訴我，她在澳洲念大學時，最大的困難之一就是要去找老師，請求為她的作業重新評分，或是討論她覺得受到不公平對待的事情。在中國，所有溝通管道都會明確界定你該找誰訴說你的不滿——你絕對不能直接跟長輩說，或是向某個位高權重的人表達。余燕覺得這種情況很難處理，她最害怕的是直接找老師談會引起紛爭。要是在中國，她還得擔心自己丟臉，因為如果發生衝突會讓她的家人蒙羞。在她的文化中，解決不滿的方式是「委婉地」詢問對方相關問題，而非直接對質。他們會針對問題嘗試有創意的做法，藉此達成自己想要的結果。在上述的例子中，余燕是藉由問了老師許多問題之後才得以獲得回饋，她並未直接說出她不滿意自己的成績。

在中國非常重視關係的和諧，而衝突會被視為破壞和諧。僱主與員工、父母與孩子、丈夫與妻子，他們之間的關係建立在好幾個世紀的傳統上，在這種傳統中，尊重的意思就是意見一致——儘管背後早已隱藏著許多怨懟了。然而，直接找引發怨懟的人談，不但讓人擔心會破壞傳統的堅實基礎，當然也會讓對方和整個社會覺得你很丟臉，同時可能有損你的身分，或造成你在社會中失去地位。有句知名的中國格語就反映了這種想法：「大事化小，小事化無。」

尊重不同文化之間的差異

在這一章，我們探討了一些文化差異的例子，讓我們更加明白感激與怨懟會有不同的表達方式，並產生不同的後果。我們在日常溝通時，應該更有意識地考量到文化差異的重要性。再次強調，這些個別的實例範圍有所局限，但目標是鼓勵各位讀者探究不同文化背景所造成的影響。

由此可見，在跟來自另一個文化的人溝通時，如果想要像「進來請敲門」那樣表示尊重，最好的做法就是**恰如其分地去嘗試理解，在對方的文化中是如何表達感激和處理怨懟。藉由接納並學習這些差異，就能避免在無意中期望對方遵守自己的文化規範，也不會因為他們的行為不如預期而衍生出因誤會所造成的怨懟。**

對比另一種文化表達感激的方式，我們就會更深入瞭解自己的感激，同時認識其他無數種表達感激的方式，讓我們更能看出哪裡值得參考、哪裡需要加強。然而，這不代表就算我們認為不適合也非得要採取對方表達感激的做法。在許多情況中，這只會讓我們和來自另一個文化的人覺得「十分奇怪」。總之，跨文化意識是順利溝通的關鍵，它會幫助我們用更有意義且更真誠的方式來表達感激與處理怨懟。

第十章

小改變，大影響

用溫和的方式也能撼動世界。
——印度聖雄甘地（Mahatma Gandhi）

深入瞭解怨懟的本質之後，讓我發現了克服它是身為人類最困難，也最重要的挑戰。畢竟，我們會有平反委屈的強烈衝動，這也形成了我們的道德指標，讓我們知道自己想受到什麼樣的對待，也預期別人應該受到什麼樣的對待。

從改變自己開始做起

雖然，我們很想消除生命中的怨懟或是生活在沒有怨恨的世界中，但由於我們每天都活在不平等之下，所以很難想像那種景況真實存在。然而，我希望這本書提供各位看待怨懟的另一種觀點，以及處理怨懟的策略，好讓它不會如此深刻、長久地破壞我們的生活。我覺得找到真切的感激並盡量練習是最好的方式，也或許是唯一的方式。

經常有人問我：「到底該不該接受怨懟這種事？」依照我的敘述，怨懟似乎是我們生活中不可或缺的一部分，沒錯，這個答案或許很偏激，但我要補充說明：「不，我們應該盡可能創造出讓怨懟無法扎根的文化。」這表示我們要在自己心中以及生活、工作與遊樂的環境中，努力改變看待怨懟的方式。

話雖如此，我們還是可以從怨懟中學習，或者說**「我們必須從怨懟中學習」，如此一來，才能藉由說出真心話去積極處理生活中的不公平**。在這段過程中，我們會學習認清心中的怨懟、尋找原因，然後選擇做出不一樣的反應。這時，感激扮演的角色很特別，它提醒了我們這種選擇不僅是可能，也是必要的，這樣我們才能找回自己最重要的動力和互相聯繫的感覺。如果選擇將注意力放在對他人的感激上，就能夠開始緩解怨懟。然而矛盾的是，來自另一個人的怨懟可以成為一面鏡子，映照出我們對那個人或是其他人的怨懟，因此，想要解開心結，最快的方式就是「先反思自己可以改變什麼」。

當我們心中有嫌隙、當我們讓憤怒或失望的感受在內心持續惡化，就會陷入曼德拉所描述的情況：「怨恨就像自己喝下毒藥卻希望能毒死敵人。」不放下怨懟，我們的健康、我們的關係、我們的環境和整個社會都將遭受毒害。這也會讓感激無法滋長，無法扮演好改善生活的角色、無法幫助關係成長，也無法修補破裂的關係。

如果你讀到本書結尾時覺得自己還有很長的路要走，那麼你並不孤單。我已經研究這個主題超過二十五年，卻還是會有些揮之不去的怨懟感受，同時我在某些關係中仍然很難心存感激，也會感受到他人對我的不滿和抱怨。我之所以會知道這一切，是因為我一聽到某個人的名字仍舊會心頭一緊，或者特別因為某一個人而避不參加聚會，要不然就是很容易加入其他人一起說這個人的壞話；這時我才知道，原來自己只解開了部分的心結。

不過現在最大的差異是，雖然我知道自己仍舊懷有怨懟，但已經不會像以前那樣受到影響——挫敗感、自我批評、放不下怨懟的羞愧感，這就是進步。正如我在本章開頭說過「克服怨懟」是我們最大的挑戰。

怨懟往往會造成我們「等待他人」修補關係或主動和解。可是，如果能處理他人對自己的怨懟，我們就能夠比較容易達到內心的平靜並與他人和平共存。因此，最有效的做法是在每天結束時，不帶批判地反思以下三個問題：**我是否在某方面辜負了他人的期望？我是否讓某人感到自卑？如果是，明天我該怎麼處理這件事？**

勇敢面對「自己是導致關係惡化或造成陰影」的事實，可以讓我們逐漸敞開心胸，願意懷著感激尋求另一種解決問題的方法。

態度決定一切

我們必須抗拒將感激視為權宜之計的誘惑。要知道，感激是一種「練習」，所以不可能每次都做得對，要隨著時間推移才能逐漸看出成效。因此，**練習的意義在於我們可以試著從陷入困境之處重新出發，運用過程中所學到的一切，並以達成目標時的感受來鼓勵自己。**把感激當成練習的好處，是讓我們著重於更高的境界、致力營造更好的關係，而不會只拘泥於小細節和怨懟造成的痛苦。我們會想起自己的好，以及從他人和生命所接受到的一切美好。

所以，簡單來說：要把感激當成練習，同時最好一次只著重於「一段」關係，一次只做「一項」感激練習，而且要選擇能夠真誠做得到的感激練習。此外，「自我感激」也很重要，因為我們可以藉此判定自己能夠給予他人多少，並在處理怨懟的過程中維持明確的界線。我們可能要先著重於生活中容易產生感激的領域，讓自己先對那些人事物心懷感激，這些會幫助我們建立韌性。

另外，我們可以選擇處理稍微超出舒適圈的關係，藉此提升自己的信心與技巧。這會培養我們的能力和自信，如此一來，等之後我們準備就緒，就能好好面對較為艱難的關係問題了。總之，**我們選擇的感激練習要有足夠的挑戰性，但又不會讓自己負荷過度，以免受到挫折而放棄**。秉持著「態度決定一切」的原則，我們或許會發現原本只針對一個人的練習產生了連鎖反應，擴及到其他人、更艱難的關係，以及我們生活中的各個層面。

隨著本書的進度，我們發現有些練習著重於先尋求自己心中的感激，包括：找出我們的「為什麼」並產生這麼做的意圖、發展「內在態度」時意識到我們所給予和接受的一切、確保我們在表達感激時不期望得到回報、明白我們可以選擇自己的觀點、在面對艱難情況之前先透過「準備心態」形成感激的內在態度，以及非常重要的一點——培養自我感激。這些基本練習會幫助我們保持真誠、維持明確的界線，也讓我們慢慢能夠判斷哪些練習有好處，哪些應該等到時機適合又有適當支持再進行。它們會提供基礎，讓我們得以達成感激的其他目標——「社會轉型」（social transformation），也就是透過行動向他人表達感激。

解開怨懟是一種品格的養成

本書的核心原則是：感激在本質上具有高度關聯性，我們會意識到從他人以及從生命所接受到的一切，以及我們想要以不一定對等的方式回報。

在本書中，我們探討了一些具有關聯性的感激練習，這些練習對於解開怨懟有非常好的效果，包括：認清怨懟及其成因、培養同理心與同情心、藉由認同他人的價值練習「肯認」、以有意義的方式向對方表達感激、能夠接受他人的感激、以禮貌的方式向他人說出怨懟，從而讓他們更願意向我們表達怨懟，以及在表達感激與怨懟的方式上尊重跨文化差異。

不過要記住一點：無論我們從何開始處理艱難關係，**只要著手去做並堅持下去，我們所表達的一切感激都會產生正面影響；儘管往往無法得知多久才會產生影響，甚至有可能會在好幾年後才發現，但一定會有所改變。**

書中探討的許多感激練習都是為了提升我們的品格。對我來說，這才是我們真正的財富，也是我們付出時間和精力所能做出最棒的投資。我們不想成為性格固執的人，只會說「這就是我，我不會改變」之類的話，我們必須找機會讓自己變得更好。事實上在這麼做的同時，等於是在給別人自由，鼓勵他們也這麼做。開始處理關係中的怨懟時，我們會欣然接受隨之而來的挑戰，因為我們經常能在這種時候從自己與他人身上得到智慧，而這時我們才能感激自己的怨懟。

我們的品格發展取決於遇到逆境時的選擇（直接面對或試圖逃避）。嘗試處理艱難關係中的怨懟或許是最大的考驗，但也是獲得自我成長最好的機會。

當我們選擇用感激的內在態度來處理艱難關係，或許就會在不一定能意識到的情況下，出於本能發揮其他特質，就如同古羅馬政治家西塞羅（Cicero）所言：「**感激不僅是最重要的美德，也是所有美德的根源。**」我們從書中的故事學到，如果能有意識地努力從怨懟走向感激，就會感受到勇氣、謙卑、真誠、慷慨、聯繫、同理心、寬容、完善、自愛、耐心。

如果把發展品格視為首要之務，那麼運用感激與怨懟的交互影響就是這段過程中的關鍵。不過此處要再次強調，必須真心誠意地去執行感激練習，我們所採取的每一步都是在「定義自己」。藉由有意識地選擇面對心結並開始解決，就能使自己以及先前覺得困難或不可能修復的關係變得更加充實。

在越來越錯綜複雜的世界中，人們很容易就會被恐懼、無力和失落壓垮，這時我們可以把焦點集中於維克多．弗蘭克所提供的試金石——「人類最後的自由」：我們選擇自身態度的能力。「選擇」將困難視為成長的機會、嘗試從怨懟中學習、隨時隨地練習感激，我相信這些才是我們獲得內心平靜的最佳方式，最終也將為人類帶來和平與幸福。

謝辭

這本書的豐富內容，來自我多年在研討會、大學課程、讀書會和研究計畫中跟參與者的交流，以及我跟朋友和在飛機上與陌生人之間的許多對話。對於你們提出的問題與見解，還有你們分享的故事，我不勝感激。

我要感謝許多心靈導師、哲學家和研究感激的相關人士，他們的奉獻與觀點給了我莫大幫助，讓我能更加理解這種偉大美德的意義與實用性。

我衷心感激所有願意閱讀並對本書各章節與各版本提供建議的朋友們：Christine Thambipillai、Peter O'Connor、Therese Smith、Chris Adams、Jean Pelser、Rikki Mawad。另外也要大力感謝在各階段提供專業編輯建議的 Perri Wain、Lee Buchanan、Gina Mercer、Chris Adams、Janet Hutchinson、Virginia Lloyd、Lucy Risdale。我要特別謝謝 Jo Lucas 這麼認真又慷慨地跟我一起讀過最終版本。

感謝我親愛的另一半 Lynden——我們真的是合作無間。謝謝你展現了傑出的校對與文字能力，還有你持續不懈的付出與支持。

我的老朋友 Mike Levy，非常感謝你在各個時期提供的鼓勵和意見，你真的幫了這本書很大的忙。

我也想要感謝 Michael Leunig，他很大方地提供了本書的封面圖片。Michael，謝謝你以詩人、畫家、漫畫家與作家的身分，透過畢生的工作啟發我們，讓我們記得感激生活中簡單平凡的事物。

感謝我的寶貝女兒 Amrita，少了妳，我就不可能寫出這本書。謝謝妳教我知道真誠坦率的關係有多麼重要。

最後，我要深深感謝所有的家人、朋友、親人，謝謝你們滋養了我的生活。

參考書目

第1章

1 RC Roberts, 'The blessings of gratitude: A conceptual analysis', in RA Emmons & ME McCullough (eds), *The Psychology of Gratitude*, Oxford University Press, 2004, p. 65.

2 SB Algoe, J Haidt & SL Gable, 'Beyond reciprocity: Gratitude and relationships in everyday life', *Emotion*, vol. 8, no. 3, 2008, pp. 425–429.

3 MY Bartlett, P Condon, J Cruz, J Baumann & D Desteno, 'Gratitude: Prompting behaviours that build relationships', *Cognition and Emotion*, vol. 26, no. 1, 2012, pp. 2–13.

4 MY Bartlett & D DeSteno, 'Gratitude and prosocial behavior: Helping when it costs you', *Psychological Science*, vol. 17, no. 4, 2006, pp. 319–325.

5 JJ Froh, G Bono & R Emmons, 'Beyond grateful is beyond good manners: Gratitude and motivation to contribute to society among early adolescents', *Motivation and Emotion*, vol. 34, 2010, pp. 144–157.

6 J Tsang, 'Gratitude and prosocial behaviour: An experimental test of gratitude', *Cognition & Emotion*, vol. 20, no. 1, 2006, pp. 138–148.

7 G Simmel, 'Faithfulness and gratitude', in AE Komter (ed), *The Gift: An interdisciplinary perspective*, Amsterdam University Press, 1996, pp. 39–48.

8 PC Watkins & D McCurrach, 'Exploring how gratitude trains cognitive processes important to well-being', in D Carr (ed), *Perspectives on Gratitude: An interdisciplinary approach*, Routledge, 2016, pp. 27–40.

9 ibid.

10 PC Watkins, *Gratitude and the Good Life: Toward a psychology of appreciation*, Springer, New York, 2014.

11 K Howells, 'An exploration of the role of gratitude in enhancing teacher–student relationships', *Teaching and Teacher Education*, vol. 42, 2014, pp. 58–67.

12 K Howells & J Cumming, 'Exploring the role of gratitude in the professional experience of pre-service teachers', *Teaching Education*, vol. 23, no. 1, 2012, pp. 71–88.

13 M Aparicio, C Centeno, CA Robinson & M Arantzamendi, 'Gratitude between patients and their families and health professionals: A scoping review', *Journal of Nursing Management*, vol. 27, no. 2, 2019, pp. 286–300.

14 P Kini, YJ Wong, S McInnis, N Gabana & J Brown, 'The effects of gratitude expression on neural activity', *NeuroImage*, vol. 128, 2016, pp. 1–10.

15 A Otto, EC Szczesny, EC Soriano, J-P Laurenceau & SD Siegel, 'Effects of a randomized gratitude intervention on death-related fear of recurrence in breast cancer survivors', *Health Psychology*, vol. 35, no. 12, 2016, pp. 1320–1328.

16 LL Vernon, JM Dillon & ARW Steiner, 'Proactive coping, gratitude, and posttraumatic stress disorder in college women', *Anxiety, Stress & Coping: An international journal*, vol. 22, no. 1, 2009, pp. 17–127.

17 TB Kashdan, G Uswatte & T Julian, 'Gratitude and hedonic and eudaimonic well-being in Vietnam war veterans', *Behaviour Research and Therapy*, vol. 44, no. 2, 2006, pp. 177–199.

18 J Vieselmeyer, J Holguin & AH Mezulis, 'The role of resilience and gratitude in posttraumatic stress and growth following a campus shooting', *Psychological Trauma Theory Research Practice and Policy*, vol. 9, no. 1, 2017, pp. 62–69.

19 Y Israel-Cohen, F Uzefovsky, G Kashy-Rosenbaum & O Kaplan, 'Gratitude and PTSD symptoms among Israeli youth exposed to missile attacks: Examining the mediation of positive and negative affect and life satisfaction', *The Journal of Positive Psychology*, vol. 10, no. 2, 2015, pp. 99–106.

20 ME McCullough, RA Emmons & J-A Tsang, 'The grateful disposition: A conceptual and empirical topography', *Journal of Personality and Social Psychology*, vol. 82, no. 1, 2002, pp. 112–127.

21 N Petrocchi & A Couyoumdjian, 'The impact of gratitude on depression and anxiety: The mediating role of criticizing, attacking, and reassuring the self', *Self and Identity*, vol. 15, no. 2, 2016, pp. 191–205..

22 *Greater Good Magazine: Science-based insights for a meaningful life*, viewed 23 June 2021, <greatergood.berkeley.edu>.

23 CN Armenta, MM Fritz & S Lyubomirsky, 'Functions of positive emotions: Gratitude as a motivator of self-improvement and positive change', *Emotion Review*, vol. 9, no. 3, 2017, pp. 183–190.

24 PC Watkins, 2014, op. cit.

25 AM Wood, S Joseph, & PA Linley, 'Coping style as a psychological resource of grateful people', *Journal of Social and Clinical Psychology*, vol. 26, no. 9, 2007, pp. 1076–1093.

26 BL Fredrickson, 'Gratitude, like other positive emotions, broadens and builds', in RA Emmons & ME McCullough (eds), *The Psychology of Gratitude, Oxford University Press*, 2004, pp. 145–166..

27 D Martín Moruno, 'On resentment: Past and present of an emotion', in B Fantini, D Martín Moruno & J Moscoso (eds), *On Resentment: Past and present*, Cambridge Scholars Publishing, Newcastle-upon- Tyne, 2013, pp. 1–18.

28 P León-Sanz, 'Resentment in psychosomatic pathology (1939–1960)', in B Fantini, D Martín Moruno & J Moscoso (eds), *On Resentment: Past and present*, Cambridge Scholars Publishing, Newcastle-upon-Tyne, 2013, pp. 150–160.

29 AH Harris & CE Thoresen, 'Forgiveness, unforgiveness, health, and disease', in EL Worthington (ed), *Handbook of Forgiveness*, Routledge, 2005, pp. 321–333.

30 E Ricciardi, G Rota, L Sanil, C Gentili, A Gaglianese, M Guazzelli & P Pietrini, 'How the brain heals emotional wounds: The functional neuroanatomy of forgiveness', *Frontiers in Human*

Neuroscience, vol. 7, article 839, 2013.

31 ES Epel, 'Psychological and metabolic stress: A recipe for accelerated cellular aging?', *Hormones (Athens, Greece)*, vol. 8, no. 1, 2009, pp. 7–22.

32 'Rumination', *Merriam-Webster.com Medical Dictionary*, Merriam- Webster, viewed 23 June 2021, <merriam-webster.com/medical/ rumination>.

33 L Baider & AK De-Nour, 'Psychological distress and intrusive thoughts in cancer patients', *The Journal of Nervous and Mental Disease*, vol. 185, no. 5, 1997, pp. 346–348.

34 L Johnson, *Teaching Outside the Box: How to grab your students by their brains*, Jossey-Bass, San Francisco, 2005.

第11章

1 J Bernal, 'Repressing resentment: Marriage, illness and the disturbing experience of care', in B Fantini, D Martín Moruno & J Moscoso (eds), *On Resentment: Past and present*, Cambridge Scholars Publishing, Newcastle-upon-Tyne, 2013, pp. 169–187.

2 A Oksenberg Rorty, 'The dramas of resentment', *The Yale Review*, vol. 88, no. 3, 2000, pp.89–100.

3 'Resent', *Online Etymology Dictionary*, viewed 23 June 2021, <etymonline.com/word/resent>.

4 WD TenHouten, 'From ressentiment to resentment as a tertiary emotion', *Review of European Studies*, vol. 10, no. 4, 2018, pp. 49–64.

5 MC Nussbaum, *Anger and Forgiveness: Resentment, generosity, justice*, Oxford University Press, 2016.

6 M Congdon, 'Creative resentments: The role of emotions in moral change', *The Philosophical Quarterly*, vol. 68, no. 273, 2018, pp. 739–757.

7 C Aggar, S Ronaldson & ID Cameron, 'Self-esteem in carers of frail older people: Resentment predicts anxiety and depression', *Aging & Mental Health*, vol. 15, no. 6, 2011, pp. 671–678..

8 GM Williamson, K Martin-Cook, M Weiner, DA Svetlik, K Saine, LS Hynan, WK Dooley & R Schulz, 'Caregiver resentment: Explaining why care recipients exhibit problem behavior', *Rehabilitation Psychology*, vol. 50, no. 3, 2005, pp. 215–223.

9 M Aparicio, op. cit.

10 RC Roberts, op. cit., p. 66.

11 ibid., p. 67.

12 K Howells, Gratitude in Education: A radical view, Springer, 2012.

13 K Howells, 'The transformative power of gratitude in education', in B Shelley, K te Riele, N Brown & T Crellin (eds), *Harnessing the Transformative Power of Education*, Brill Sense, 2019, pp. 180–196.

14 K Howells, 'Developing gratitude as a practice for teachers', in JRH Tudge & L Freitas (eds), *Developing Gratitude in Children and Adolescents*, Cambridge University Press, 2018, pp. 240–

261.

第三章

1 M Buber, *I and Thou*, trans. RG Smith, Scribner Classics, New York, 1958.
2 R Carson, *Silent Spring*, Houghton Mifflin, Boston, 2002.
3 S Baron-Cohen, *Zero Degrees of Empathy: A new theory of human cruelty*, Allen Lane, London, 2011, p. 5.
4 ibid., pp. 5–6.
5 RC Roberts, op. cit., p. 65.

第四章

1 WD TenHouten, op. cit.
2 World Health Organization, *Global Report on Ageism*, 2021.
3 M Ure, 'Resentment/Ressentiment', *Constellations*, vol. 22, no. 4, 2015, pp. 599–613.
4 M Visser, *The Gift of Thanks: The roots and rituals of gratitude*, Houghton Mifflin Harcourt, 2009, p. 389.

5 ibid., p. 389.
6 Ditch the Label, *The Annual Bullying Survey 2016*, 2016.
7 Visser, op. cit., p. 291.
8 P Coelho, *Veronika Decides to Die*. Harper Collins, London, 2004.

第五章

1 V Frankl, *Man's Search for Meaning: An introduction to logotherapy*. Simon & Schuster, New York, 1984, p. 131.
2 K Howells, 2012, op. cit.
3 M Visser, op. cit., p. 174.
4 R Stewart, AT Kozak, LM Tingley, JM Goddard, EM Blake & WA Cassel, 'Adult sibling relationships: Validation of a typology', *Personal Relationships*, vol. 8, no. 3, 2020, pp. 299–324
5 K Howells, 2012, op. cit.
6 K Howells, 2018, op. cit.
7 K Howells, 2014, op. cit.
8 K Howells, K Stafford, RM Guijt & MC Breadmore, 'The role of gratitude in enhancing the relationship between doctoral research students and their supervisors', *Teaching in Higher*

Education, vol. 22, no. 6, 2017, pp. 1–18.
9 A Oksenberg Rorty, op. cit.

第七章

1 BA Arnout & AA Almoeid, ‘A structural model relating gratitude, resilience, psychological well-being and creativity among psychological counsellors’, *Counselling and Psychotherapy Research*, 2020, pp. 1–20.

第八章

1 M Rosenberg, *Nonviolent Communication: A language of life*, PuddleDancer Press, Encinitas, CA, 2003.
2 R Kegan & LL Lahey, *How the Way We Talk Can Change the Way We Work: Seven languages for transformation*. Jossey-Bass, San Francisco, 2001.
3 KD Patterson, J Grenny, D Maxfield, R McMillan, & AI Switzler, *Crucial Accountability: Tools for resolving violated expectations, broken commitments, and bad behavior*, McGraw-Hill Education,

New York, 2013.

4 P León-Sanz, op. cit.

5 K Howells, *How Thanking Awakens Our Thinking*, TEDx Launceston, 2013.

6 E Gilbert, *Big Magic: Creative living beyond fear*, Riverhead Books, New York, 2015, p. 26.

7 AH Maslow, 'A theory of human motivation', *Psychological Review*, vol. 50, no. 4, 1943, pp. 370–396.

第九章

1 KL Martin, *Please Knock Before You Enter: Aboriginal regulation of outsiders and the implications for researchers*, Post Pressed, Teneriffe, Qld., 2008.

2 ibid., p. 12.

3 M Visser, op. cit., p. 16.

4 KL Martin, op. cit., p. 76.

5 ibid., p. 70.

6 JO Oviawe, 'How to rediscover the *ubuntu* paradigm in education', *International Review of Education*, vol. 62, 2016, pp. 1–10.

7 D Tutu, *No Future without Forgiveness*, Doubleday, New York, 2000.